MONOGRAPHIES COMMUNALES

# NOTICE
# HISTORIQUE & GÉOGRAPHIQUE
## A L'USAGE DES ENFANTS

SUR LA

## COMMUNE DES MOUTIERS-SUR-LE-LAY
(VENDÉE)

PAR

**DAVID, Louis, Instituteur**

À M. DIELFIT, Benjamin, mon beau-frère
*Instituteur honoraire, Délégué cantonal*
Au Petit-Bourg-des-Herbiers.
Hommage de reconnaissance.
David.

ANNÉE 1903

LA ROCHE-SUR-YON
PETITE IMPRIMERIE VENDÉENNE
54, 56, 58, 60, Rue de Saumur, 54, 56, 58, 60
1903

MONOGRAPHIES COMMUNALES

# NOTICE HISTORIQUE & GÉOGRAPHIQUE

A L'USAGE DES ENFANTS

SUR LA

# COMMUNE DES MOUTIERS-SUR-LE-LAY (Vendée)

Par DAVID, Louis, Instituteur

ANNÉE 1903

MONOGRAPHIES COMMUNALES

# NOTICE
# HISTORIQUE & GÉOGRAPHIQUE

## A L'USAGE DES ENFANTS

SUR LA

## COMMUNE DES MOUTIERS-SUR-LE-LAY

(VENDÉE)

PAR

**DAVID, Louis, Instituteur**

A M. DIELFIT, BENJAMIN, mon beau-frère
*Instituteur honoraire, Délégué cantonal*
Au Petit-Bourg-des-Herbiers.
Hommage de reconnaissance.
DAVID.

ANNÉE 1903

LA ROCHE-SUR-YON
PETITE IMPRIMERIE VENDÉENNE
54, 56, 38, 60, Rue de Saumur, 54, 56, 58, 60

1903

# Les Moutiers-sur-le-Lay.

*Monasterium supra Ledum* (*Visite épiscopale 1533*), *de Monsterio super Ledum* (*Grand-Gaultier, XIVe siècle*).

Eglise collégiale : 1 prieur, 1 recteur, 12 prêtres. Prieuré de la mense du chapitre de Luçon qui y confère.

(Pouillé de Luçon 1648).

## Origine

Les Moutiers-sur-le-Lay, coquet petit bourg, au milieu d'une riche vallée, baignée par le Lay, doivent leur nom à un antique monastère, construit aux abords de l'église actuelle et dont on voit encore quelques ruines.

Mais bien antérieurement à la fondation de cet établissement religieux, et à une époque qu'il est impossible de fixer même approximativement, les bords du Lay furent habités par des populations de chasseurs et de pêcheurs. « Nous sommes convaincu que des fouilles intelligemment faites dans l'ilôt formé par les deux bras du Lay, amèneraient sur ce point la découverte, sinon d'habitations lacustres, du moins de vestiges remontant à l'époque celtico-gauloise, et notre opinion s'appuie notamment sur ce fait que dernièrement encore des engins de pêche de la plus haute antiquité qui ornent aujourd'hui la collection de M. de Rochebrune ont été trouvés non loin de là dans le lit de la rivière » (1).

(1) M. de Brochet.

Les fouilles faites par M. Mandin de Mareuil dans et autour de la grotte du Bois-Charrias ont permis de constater qu'elle avait servi de refuge à la race celtico-gauloise.

Il en a été extrait divers fragments de silex dont une hache taillée par éclats et d'une fabrication très grossière, ainsi que de nombreux petits tessons de poterie primitive.

Près de la demeure féodale de Bréduriére existait un oppidum ou camp gaulois. Les Romains y établirent leurs demeures. M. Mandin a découvert plusieurs villas gallo-romaines sur les rives du Lay, entre autres celle de l'Oucherie, de cette commune, modèle de goût et de luxe, qui donnaient asile à une population d'élite.

En remuant la terre, les cultivateurs de la Corbinière ont trouvé des traces certaines de dallages romains. M. Gautreau de l'Oucherie en creusant les fondations de sa maison est arrivé à des constructions anciennes qui lui ont fourni la plus grande partie de la pierre employée. Il a même trouvé un amas considérable de chaux enfoui il y a des siècles.

Je rappelle que l'église de Ste-Pexine (à 2 Km. des Moutiers) a été bâtie sur une antique villa romaine, dont les restes ont été retrouvés en 1864-65 et années suivantes.

## L'origine d'une paroisse.

### Les Moutiers-sur-le-Lay.

« Non loin des Moutiers-sur-le-Lay, sur la commune limitrophe de Sainte-Pexine, se trouve une grotte modeste, dite de Saint-Bris ou Saint-Brice, qui n'a guère d'intéressant que son nom, et qui, à cause de ce nom même, a intrigué et intrigue encore les curieux d'histoire régionale. Constatons d'abord qu'il n'y a rien de commun entre Saint-Brice et Sainte-Pexine, que trois siècles séparent vraisemblablement. Sainte-Pexine, peu connue et identifiée par la plupart des hagiographes avec Sainte-Pazanne et Sainte-Pezenne, aurait vécu au VIIe siècle, disent les Bollandistes. Dom Chamard, qui a tout droit d'émettre une opinion personnelle dans une question douteuse la fait mourir au contraire au commencement du IVe siècle, plus de cent ans avant Saint-Brice, puisqu'il la croit victime de la persécution de Dioclétien (an 303) ; quoi qu'il en soit, Sainte-Pexine et Saint-Brice ne se sont pas connus. Le culte de la sainte, dans la paroisse qui porte son nom, pourrait bien avoir pour origine une chapelle privée qui lui aurait été consacrée peut-être dans l'importante villa gallo-romaine dont les débris se retrouvent à chaque pas. Des arguments philologiques, qu'il serait hors de propos de développer ici, nous font croire que Sainte-Pazanne (Loire-Inférieure) et Sainte-Pezenne (Deux-Sèvres) sont des lieux de culte ancien et populaire de la sainte, et que Sainte-Pexine représente une fondation moins ancienne et plus savante, pour employer une expression technique en la circonstance.

Nous restons donc en face de Saint-Brice seul, et c'est, en cherchant, après beaucoup d'autres, la raison d'être de son nom en ce lieu, que nous avons vu s'étendre d'une façon imprévue le champ des investigations, et que le chemin de la grotte nous a conduit au berceau de la paroisse elle-même.

On ne connaît qu'un saint du nom de Brice dans le calendrier liturgique romain. Ce saint, originaire du Poitou, y a passé une partie de sa vie. Sulpice Sévère, qui fut son compagnon, saint-Fortunat et Grégoire de Tours, qui vécurent au siècle suivant, sont ses répondants dans l'histoire. Sa carrière fut longue et accidentée ; il monta, quatrième sur le siège épiscopal de Tours, où il succéda à Saint-Martin, et où il siègea quarante-six ans, de 397 à 443, non sans quelques vicissitudes. Sa vie n'est pas une des moins curieuses à connaître des temps mérovingiens, de cette période de transition, où sous les auspices tutélaires et novateurs de la religion nouvelle, s'opérait, non sans heurt et sans secousses dans le sein du christianisme vainqueur, la fusion des Romains, conquérants et païens, avec les Barbares idolâtres, autonomes ou envahisseurs.

L'apostrophe de Saint-Rémi à Clovis : « Baisse la tête, fier Sicambre !.... » ne rappelle pas seulement un grand événement religieux : elle caractérise en outre un système et une évolution historique.

C'était l'époque où Martin, fils d'un tribun de Pannonie, romain de culture et de nom (Martin, diminutif de Mars), après avoir quitté l'armée venait s'initier près de Saint-Hilaire, évêque de Poitiers, à la vie religiense, fondait à Ligugé le premier monastère de l'Occident

Après Ligugé, il lui fallut faire plus grand, et il s'établit près de Tours, à Marmoutier (majus monasterium). Ce fut là qu'il fut élu évêque de Tours et de là qu'il administra son vaste diocèse.

En Poitou comme en Touraine, l'ardeur de la foi nouvelle et le prosélytisme des premiers convertis lui amenèrent de nombreux disciples surtout de la classe aisée et instruite élevée à la romaine. Parmi eux, Saint Paulin de Mole et Sulpice Sévère brillent au premier rang. Martin savait qu'on ne fonde pas œuvre qui dure avec les représentants même les moins dégénérés d'une race épuisée; aux fils décadents de l'aristocratie gallo-romaine, il voulut infuser le sang jeune et ardent des derniers venus, des Barbares, et il attira auprès de lui ceux des enfants aux cheveux blonds qui lui parurent capables de plier sous le joug du Christ leur fière et sauvage nature.

Brice (en latin Brictio), de race barbare, comme la

physionomie de son nom ne permet pas d'en douter, était de famille pauvre : ses parents le confièrent avec joie à Martin pour l'élever et en faire un prêtre. Le tempérament impétueux et indiscipliné de Brice dut donner fort à faire à son éducateur ; Martin y employa une angélique patience, et finit par élever aux saints ordres son indocile disciple, comptant surtout sur la grâce de Dieu et du sacrement.

A dire vrai, la rudesse de Brice, jointe à l'humilité de sa naissance, ne lui concilia guère les sympathies de ses confrères, de plus fine éducation et d'origine plus relevée. Dans le récit de Sulpice Sévère, que nous allons transcrire, pour laisser parler aussi un contemporain perce le mépris du Gallo-Romain instruit et policé pour le Barbare pauvre, fils de pauvres, et rebelle par instinct à la discipline de la règle monastique.

Voici le portrait tracé par Sulpice Sévère et reproduit plus tard par saint Fortunat. La scène se passe à Ligugé ou à Marmoutier, alors que Brice était prêtre depuis quelque temps :

« Un jour que dans la petite cour qui entourait sa cellule Martin était assis sur l'escabeau connu de nous tous, il vit deux démons se poser sur un rocher escarpé qui dominait le monastère, et de là, faire entendre ces paroles d'encouragement : « Ha ! toi, Brice ; ha ! toi, Brice ! »

« Ils voyaient, je pense, venir de loin le malheureux, et savaient quelle rage le mauvais esprit avait excitée en lui. Bientôt Brice accourt furieux, et dans son délire, il vomit contre Martin mille injures. C'est que le bienheureux, la veille, avait réprimandé ce prêtre (lequel ne possédait rien étant laïque, et avait été élevé dans le monastère par Martin lui-même) de ce qu'il acquérait des chevaux et des esclaves, car dès lors, on lui reprochait d'acheter à grand prix non seulement des jeunes garçons barbares, mais même de belle jeunes filles. Pour cela, le misérable, la bile en émoi, et je pense, l'esprit troublé par les deux démons, s'emporta contre Martin à ce point qu'il faillit frapper ce saint évêque qui, le front serein, l'âme impassible, s'efforçait de calmer par de douces paroles le délire du malheureux.

« Mais Brice, en proie au démon, n'était plus dans son bon sens, encore qu'il en eût bien peu. Les lèvres tremblantes, la physionomie agitée, pâle de fureur, il proférait des paroles de péché : » Je suis meilleur chrétien que toi, puisque dès le bas-âge j'ai reçu de toi-même dans le monastère une éducation toute ecclésiastique ; tandis que toi, Martin, qui, dès ton enfance, et tu ne peux le nier, as vécu au milieu de toute la licence des camps, tu es tombé, en ta vieillesse, dans la folie des vaines pratiques de dévotion et de visions chimériques. »

Après avoir vomi ces injures et beaucoup d'autres qu'il vaut mieux ne pas citer, Brice sortit enfin, sa fureur assouvie, persuadé qu'il s'était pleinement vengé ; il reprit la route par laquelle il était venu, en marchant à grands pas. »

« Cependant les prières de Martin, je suppose, chassèrent les démons du cœur de Brice. Revenu à résipiscence, il retourne sur ses pas, se jette aux pieds du saint pontife, confesse sa faute et, rentrant enfin en lui-même, avoue qu'il a cédé aux instigations du démon. »

« Rien n'était plns facile à Martin que de pardonner à un suppliant. Après quoi, le saint homme exposa à Brice, ainsi qu'à nous tous, comment il avait vu les démons agiter ce malheureux et ajouta qu'il ne s'était point senti ému par ses injures, lesquelles n'atteignaient rien que celui qui les avait proférées. »

« Dans la suite, ce même Brice fut plus d'une fois convaincu de grandes fautes, mais jamais le bienheureux ne put se résoudre à déposer ce prêtre, pour ne point paraître venger une offense personnelle, et souvent il répétait : « Si le Christ a supporté Judas, pourquoi moi ne supporterais-je pas Brice ? »

On peut dire que Sulpice, qu'on a appelé avec une certaine indulgence le « Salluste Chrétien », se montre bien sévère pour son bouillant confrère ; on devine sans peine dans ce récit l'antipathie des races, l'éternelle rivalité du midi contre le nord, et cette inconsciente jalousie des faveurs du maître qui hante souvent les âmes vivant en commun, dernière forme de l'égoïsme et de l'envie réduits par la vie du cloître à leur plus intime expression.

Il faut faire quelque effort d'imagination et se bien représenter la dureté et les nécessités de ces temps barbares pour arriver à comprendre que ce même Brice fut un grand évêque, de plus un grand saint, et que les défauts, signalés par Sulpice Sévère, qui vivait avec lui, et rappelés plus tard par saint Fortunat, évêque de Poitiers, n'étaient alors incompatibles, sauf répentir et pénitence bien entendu, ni avec les plus hautes fonctions religieuses, ni avec l'honneur suprême de la canonisation.

Les Gallo-Romains du midi de la Gaule, civilisés depuis trois siècles déjà par l'occupation romaine, s'étonnaient à bon droit de ces caractères impulsifs et toujours en révolte. Plus perspicace, Martin y voyait un précieux instrument de conquête religieuse, et il devançait hardiment, à la surprise et parfois au mécontentement de ceux qui l'entouraient, la politique de saint Rémi : « Baisse la tête, fier Sicambre !... ».

Nous n'avons pas à raconter ici la vie de saint Brice, sur laquelle Grégoire de Tours, son quinzième successeur sur le siège épiscopal de saint Martin, donne des détails moins édifiants encore que ceux rapportés par Sulpice Sévère.

Ainsi, dans la 33e année de son épiscopat, Brice, déjà plus que sexagénaire, fut accusé d'adultère. L'opinion publique se montra tellement ardente contre lui qu'il fut déposé, qu'on lui donna un successeur et qu'il dut prendre la fuite. Sept années durant, il disparut, avant d'en appeler à Rome même, au Souverain Pontife. Confirmé par le pape dans ses fonctions, il revint à Tours, chassa de la ville le second successeur qui venait d'être élu à la mort du premier, et y exerça, pendant sept ans encore, la charge épiscopale.

Sans rien dissimuler de ces accidents divers, Grégoire de Tours l'appelle « un homme éminent, incomparable, dont les miracles remplissent plusieurs volumes. »

Grégoire de Tours rappelle ailleurs que Brice fonda des églises à Clion, Bréches, Ruan, Chinon, etc... Cette énumération n'est pas limitative et témoigne surtout que les fondations de paroisses furent dans les préoccupations habituelles de l'évêque de Tours.

Les historiens ne nous ont rien laissé de plus sur saint Brice, et nous ne pouvons que tirer, des documents conservés, les conséquences qu'ils comportent au point de vue particulier de cette étude.

Il apparaît très nettement d'abord qu'avant l'épiscopat de saint Brice, Clion, Chinon, et les agglomérations d'habitants citées plus haut n'avaient pas d'églises. A fortiori, combien de villages moins importants n'étaient pas plus favorisés, entre autres notamment le vicus dont le nom gaulois effacé fut remplacé plus tard par la dénomination chrétienne des Moutiers-sur-le-Lay. La légende populaire qui prouve l'antiquité du lieu-dit, assure que saint Brice habita la grotte qui a gardé son nom ; et s'il ne l'avait pas habitée, pourquoi l'appellerait-on la grotte de saint Brice plutôt que de tout autre saint ?

Il faudrait des preuves contraires bien décisives pour infirmer cette naturelle conclusion.

C'est donc au-delà de ce fait acquis que commence l'hypothèse. Nous pensons, en attendant une interprétation meilleure, que ce fut en l'an 430, lorsque Brice dut quitter précipitamment Tours sous le coup de la terrible accusation d'adultère, qu'il se réfugia à la hâte en Bas-Poitou, dans la grotte des Moutiers-sur-le-Lay, hors de son diocèse, tout en restant à portée, loin aussi de Poitiers, où l'indignation publique qui le poursuivait lui eût réservé sans doute un fort mauvais accueil auprès de l'évêque.

Les graves événements religieux qui venaient de se passer à Tours n'avaient point eu d'écho dans ce coin reculé de la région ; le voisinage d'un vicus y assurait la possibilité de vivre, Brice prenait le temps de réfléchir et de mûrir une décision ; non coupable, il se ménageai la possibilité d'une justification ; il ne dut se résigner à entreprendre le dur voyage de Rome que lorsqu'il vit le successeur, qu'on avait élu à sa place, jouir paisiblement et sans conteste du bénéfice de son élection. Plus tard, après sa réhabilitation et sa réinstallation sur le siège de saint Martin, ce successeur et le suivant furent tenus pour intrus, et rayés de la liste officielle des évêques de Tours ; mais la situation était loin d'être rassurante, quand Brice se cachait dans la grotte des Moutiers, et qu'il y sanctifiait ses malheurs par la pénitence et par la prière.

Le bourg voisin de la grotte n'avait pas encore d'église. Brice put done donner carrière à son zèle organisateur, et nous ne doutons pas que les habitants du bourg, lui durent leur premier sanctuaire. Le vocable de Saint_Pierre, patron de la paroisse, indique déjà une très ancienne fondation ; en outre, l'église de Marmoutier, où Brice avait été ordonné prêtre, était dédiée à Saint Pierre et à Saint Paul, et il est bien naturel et très humain que dans la détresse morale de l'heure présente, il ait tenu à honorer avant tout autre le saint qui avait béni son entrée dans le sacerdoce, et devant qui il devait aller bientôt crier justice en la personne de son successeur direct, le pontife romain.

S'il n'évangélisa peut-être pas le pays, et cette opinion n'a rien d'improbable, il y éleva du moins le premier monument du culte chrétien. N'oublions pas que les marais de la Sèvre Niortaise ne furent évangélisés que cent cinquante ans plus tard, par saint Pien, évêque de Poitiers, dont un lieu-dit, près de Maillé rappelle également le souvenir.

Parmi tant de paroisses fondées par lui, saint Brice, remonté dans la chaire de saint Martin, oublia l'église éloignée, placée hors de sa juridiction, qu'il avait créée sur les bords du Lay. Dès sa fondation, au VII^e siècle, croit-on, l'abbaye bénédictine de Luçon rattacha à son domaine spirituel cette église détachée, et y entretint par ses moines la régularité et la continuité du culte.

Après les ravages des Normands, les moines furent les premiers à repeupler le désert fait par les hommes du Nord. Quelques bénédictins relevèrent les ruines de l'église de Saint-Pierre fondée par saint Brice, conservèrent le vocable de la fondation primitive et prirent complètement possession temporelle du lieu en le baptisant, du nom générique de leur propre occupation, le ou les Moutiers-sur-le-Lay » (1).

## Légende populaire de Saint-Bris ou Saint-Brice.

La tradition veut qu'au X^e siècle un moine de l'abbaye, de Trizay, obtenant tous les ans à une certaine époque de

(1) De E. Bourloton.

ses supérieurs, la permission de se retirer dans les bois pour y faire une retraite, vint à mourir en route au lieu dit déjà la grotte de Saint-Brice. Les religieux ne voyant pas revenir le frère Brice, se mirent à sa recherche ; ils parvinrent à trouver son corps auprès d'une petite fontaine, au bord de laquelle se trouvait une aubépine ; dans les branches se trouvait une statue de la Vierge. Les bons religieux emportèrent le corps de leur frère défunt, ainsi que la statue. Arrivés au couvent ils déposèrent le corps dans l'église, la statue sur l'autel, puis ils firent la garde du corps. Le lendemain matin, leur surprise fut grande de ne plus voir la statue là où ils l'avaient mise ;grand émoi parmi les religieux présents. Deux d'entre eux retournèrent à l'endroit où ils l'avaient trouvée ; ils la virent posée à la place qu'elle occupait la veille. Ils l'emportèrent encore à l'abbaye, la placèrent de nouveau sur l'autel, fermèrent les portes à clef et firent bonne garde. Le lendemain, elle était encore disparue. Quelques religieux retournèrent et constatèrent qu'elle était encore dans l'aubéphine, mais cette fois-ci ils l'y laissèrent.

Quelques années après un petit monument y fut élevé pour recevoir la statue. Les siècles ont détruit ce pieux monument, mais le souvenir néanmoins, s'en est perpétué d'année en année.

Il n'y a rien d'étonnant à ce fait d'un religieux cherchant l'ombrage et une source à l'eau claire et limpide, si nous nous rappelons que pour les races primitives, et plus particulièrement pour les Gaulois, adorateurs des forces naturelles, l'eau fut trois fois sacrée. Nos ancêtres vénéraient les sources à l'égal du gui, comme un don manifeste de la divinité. Strabon nous apprend qu'ils confiaient aux étangs et aux marais leurs objets les plus précieux. L'Eglise, obligée de compter avec cette idolâtrie spéciale, la sanctionna très habilement en baptisant les fontaines, en les plaçant sous le patronnage d'un saint local, en substituant aux statuettes, souvent audacieuses du paganisme, les images pieuses de la Vierge chrétienne. De là les innombrables sources curatives auxquelles accourent des pèlerins à certains jours de l'année.

### Saint-Bris ou Saint-Brice le 15 Août.

Aujourd'hui encore il existe au-dessous de la fontaine une piscine dans laquelle se lavent les incurables pendant les solennités du pèlerinage. Réparée pendant la Révolution par les soins des sieurs Régnier et Bonnin, maçons aux Moutiers sur l'invitation de nombreuses personnes, la grotte renferme un grand nombre d'ex-voto.

« Dans la nuit, veille de l'Assomption, le 15 Août, c'est un coup d'œil curieux que de voir dans une vaste prairie, à l'extrémité de laquelle sont la grotte et la fontaine, douze à quinze mille fidèles, une petite bougie ou lampe allumée à la main, priant tous avec expression et soupirs. Les uns tendent leurs bras vers le ciel, d'autres se frappent la poitrine de componction, ceux-ci prient le visage prosterné dans la poussière, ceux-là appellent d'une voix suppliante le Dieu de miséricorde à leur secours. Plus loin, la piscine ne cesse de se remplir d'infirmes, d'incurables de tout âge, de toute condition. Les uns pieds nus, la tête couverte d'un sac et de cendre accomplissent des vœux promis au ciel dans une maladie ou dans un danger, d'autres se promènent silencieusement tenant une petite croix à la main, et faisant l'aumône à tous ceux qui leur demandent » (1).

« A travers la rumeur de cette foule se perçoit très bien l'invocation à saint Bris, sous la formule consacrée :

(1) Chroniques paroissiales.

« Bienheureux saint Bris, guérissez-nous du mal de tête, du mal de reins, du mal de dents, etc... » Cela s'appelle « virer ses voyages » et le coût habituel est de deux sous » (1).

Saint Bris fut pendant plusieurs siècles le lieu de pèlerinages les plus fréquentés du Bas-Poitou. On y venait de l'Orléanais, de la Touraine, du Berry ; depuis plusieurs années déjà l'enthousiasme baisse de par le fait que d'autres lieux attirent davantage la curiosité des masses : Forêt de Mervent, Saint-Anne d'Auray, la Salette, Lourdes, etc... et les voyages sont si faciles maintenant.

## Fontaine de Saint-Brice après la Révolution

DÉPARTEMENT DE LA VENDÉE

*Egalité. — Fraternité.*

Mareuil, le 14 prairial, an V. Le Commissaire du Directoire exécutif près le canton de Mareuil, au juge de paix du canton de Mareuil.

Citoyen,

Il est parvenu à ma connaissance que dans la commune des Moutiers-sur-le-Lay on a basti une grotte sur laquelle on y a placé un signe particulier à ce culte. Comme la loi du 7 vendémiaire, an IV, le défend et en punit les auteurs, je vous invite conformément à l'article 83 du code des délits et des peines, à en poursuivre les auteurs. Vous voudrez donc, en conséquence, faire appeler les nommés Régnier et Bonin, maçons, demeurant aux Moutiers-sur-le-Lay, qui ont reconstruit ce signe, et ils vous découvriront sans doute ceux qui les ont mis en besogne, et quand

(1) De M. Brochet.

même ils ne le feraient pas, ils sont toujours répréhensibles.

Le citoyen Blanchard, préposé, demeurant aux Moutiers, pourra aussi vous donner de grands éclaircissements. Je vous invite à l'entendre et à m'accuser réception de la présente.

Salut et fraternité.

VILLAIN.

L'instruction de cette affaire est demeurée au juge de paix du canton de Mareuil, aux termes de l'art. 77 du code des délits.

Le 20 prairial, l'an V de la République française, une et indivisible (8 juin 1797), devant nous Julien Viaud, juge de paix et officier de police judiciaire du canton de Mareuil, département de la Vendée, sont comparus les citoyens Jean-Bernard Blanchard, préposé, Jean Régner, maçon, et François Bonin, aussi maçon, demeurant tous séparément commune des Moutiers-sur-le-Lay, témoins appelés, en vertu de la cédule, délivrée par nous, le 14 de ce mois, et notifiée le 15, à l'effet de déclarer les faits et circonstances qui sont à leur connaissance au sujet du délit dont est question en la plainte rendue par le commissaire du pouvoir exécutif près ce canton, lesquels témoins susnommés ont fait leur déclaration, ainsi qu'il suit :

Le citoyen Jean-Bernard Blanchard, préposé, demeurant commune des Moutiers, âgé de 44 ans,

A dit n'être parent, allié, serviteur, ni domestique du plaignant, ni du prévenu ;

A déclaré que le 10 florial dernier sur les 7 heures du soir, étant allé en se promenant à sa vigne, il aurait aperçu des ouvriers qui blanchissaient une grotte construite près la fontaine de Saint-Brice, qu'arrivé à cette grotte il aurait reconnu les citoyens Augain et Bonnin avec deux autres maçons dont il ignore le nom, que leur ayant demandé qui les avait ,commandé de construire cette grotte ainsi qu'une croix qu'ils avaient mise, dessus, Régner lui dit que c'était Malécot qui leur avait commandé et qu'il espérait en être payé ; que, dans le même jour, le dit Régner lui dit aussi que les citoyens Nosseret d'Enfer, Barion et Massé y étaient allés, que Nassivet avait fourni le sable et Massé l'avait conduit, que lui ayant demandé qui avait la clef du tronc, il lui dit qu'il l'avait pour le moment, mais qu'il allait la remettre au citoyen Malescot, que le 14 du même mois, étant allé à la dite grotte avec les citoyens Villain et Gallet, ils connurent qu'elle était faite et parfaite, et que la croix qui y avait été placée existait encore.

Qui est tout ce qu'il a vu et a signé la dite déclaration.

Viaud, *juge.*

Le citoyen Jean Régner, maçon, demeurant aux Moutiers-sur-le-Lay, âgé de 31 ans, a déclaré n'être parent, allié, ni serviteur, ni domestique du plaignant ni des prévenus.

A déclaré que soixante à quatre-vingts personnes l'avaient invité à reconstruire tant la grotte que la croix de la Fontaine de Saint-Brice, que quelque temps après s'étant trouvé chez le citoyen Boissorin à travailler, le fils de Malécot fut lui dire de se rendre chez son père, qu'il y avait des personnes qui voulaient lui parler, que y étant arrivé il y trouva lesdits Malécot et Barion qui lui dirent que plusieurs personnes les sollicitaient à faire reconstruire la grotte, qu'il leur dit qu'il ne pouvait le faire de suite, mais qu'en peu de jours il y irait, qu'en effet y étant allé après que la grotte fut rétablie, les citoyens

Barrion, d'Enfer, Massicot, Malécot, Genty, père, et quelques autres dont il ne connaît pas les noms étant allés le voir travailler, lui dirent qu'il fallait rétablir la croix, qu'alors le citoyen Malécot dit qu'il n'était pas nécessaire que les autres ayant dit qu'il fallait le faire, ledit Malécot leur répliqua qu'il le ferait s'ils le voulaient, mais s'ils voulaient le croire ils n'en feraient rien ; qu'il a reconstruit la croix parce que les plus fortes voix le décidèrent, et ajoute que c'est le citoyen Barrion qui lui a payé quatre journées qu'il a passées à reconstruire tant la grotte que la croix.

Qui est tout ce qu'il a dit, et déclare ne savoir signer.

VIAUD.

Le citoyen François Bonnin, maçon, demeurant aux Moutiers-sur-le-Lay, âgé de 21 ans, déclare n'être ni parent, ni allié, ni serviteur, ni domestique du plaignant, ni des prévenus.

Déclare que, travaillant comme garçon avec le citoyen Regner, il l'aurait mené à Saint-Brice, que là arrivé il lui aurait dit qu'il fallait reconstruire la grotte, qu'après qu'elle fut rétablie, les citoyens Malécot et Barion, d'Enfer, Massivet, Genty, père et fils, étaient allés les trouver, leur auraient dit qu'il fallait rétablir la croix que Malescot dit qu'il n'était pas nécessaire que tous les autres ayant décidé qu'il fallait le faire, ils se décidèrent à la laisser remettre, que c'est leur déposant, qui, par les ordres des spectateurs, l'a placée au poste ; qu'il a connaissance que c'est le dit citoyen Barrion qui a payé les quatre journées qui ont été employées à reconstruire tant la grotte que la croix.

Qui est tout ce qu'il a dit et a déclaré ne savoir signer.

Affaire non suivie. VIAUD.

(Archives de la Vendée.)

## Les Moutiers en 1047.

Autour du monastère, construit sans nul doute après le passage de Saint-Brice, s'élevèrent une église assez importante et les maisons de quelques nouveaux habitants.

Lorsque la guerre civile ou celle que se faisaient les seigneurs entre eux vint troubler la paix des moines, et celle de ces tranquilles cultivateurs, tous sentirent le besoin de se mettre à couvert; le monastère fut fortifié, des douves furent creusées, des tours s'élevèrent et le vieux couvent devint un château-fort dépendant de la famille de la Trémouille, au moins dès l'année 1047.

En 1850 on voyait encore sur la place, à 25 mètres de l'église, une grande douve comblée depuis. Avant que ces douves soient creusées, le cimetière entourait l'église, à l'est et au nord; il fut alors transporté plus au nord et de là aux quatre routes. Les maisons basses et fort vieilles qui bordaient la douve ont été reprises au commencement du XIX^e^ siècle et en creusant les caves on a trouvé beaucoup d'ossements humains, ce qui prouve que là était autrefois le cimetière, il y a plus de 800 ans. Un examen attentif du sol autour de l'église montre l'emplacement de ces douves, il n'y a pas à se tromper. « En 1048, les Moutiers étaient un alleu appartenant à Geoffroy I^er^, neuvième vicomte de Thouars, sur lequel il donna à Albert, ce même abbé de Marmoutier, un cens annuel de cent sous, monnaie poitevine, qui en faisait partie. Antérieurement, il avait gratifié ce même donataire de deux domaines situés dans le voisinage des Moutiers, sur la rivière d'Yon. Les Moutiers-sur-le-Lay étaient ainsi nommés de ce que, placés sur les bords du Lay, près de son embouchure dans l'Yon, Monastérium supra Laydum, ils possédaient deux églises, l'une de Saint-Pierre qui était celle de la cure, l'autre du prieuré sous le vocable de

Sainte Madeleine. L'évêque de Poitiers disposait de toutes deux » (1).

Geoffroy Ier se fit moine à Saint-Michel-en-l'Herm où il fut inhumé et il accorda au monastère de Marmoutier ses biens des Moutiers-sur-le-Lay.

## Les évêques aux Moutiers et leur lutte contre de La Trémouille.

Quoi qu'il en soit, il est certain que les abbés de Luçon qui avaient fait du prieuré des Moutiers une sorte de succursale importante de l'abbaye mère, y fixèrent souvent leur résidence d'été, et que, bien que le château-fort dépendit des de La Trémouille, les évêques de Luçon y conservèrent le droit de basse, moyenne et haute justice, ainsi que celui d'y nommer un commandant.

Le 20 avril 1305, l'archevêque de Bordeaux, Bertrand de Got, qui depuis devint le pape Clément V, venant de Luçon en tournée métropolitaine, passa visiter le prieuré des Moutiers-sur-le-Lay, y coucha avec son train le mardi, et fut, le même jour, visiter les prieurés de la Jaudonnière, de Saint-Martin-Lars, la Caillère, et le lendemain prêcha en l'église du prieuré, confirma, tonsura. Il visita ensuite le prieuré de Bellenoue.

En 1426, M. Guynebault était prieur des Moutiers-sur-le-Lay.

Le château qui, avec la paroisse du même nom, formait une châtellenie devint vite le séjour ordinaire des premiers évêques de Luçon.

Guillaume de La Rochefoucaud, 6me évêque de Luçon, date plusieurs actes, en 1388, de cette résidence : *in loco habitationis episcopalis de monasteriis super Ledum* Un autre acte de 1317 parle des Moutiers-sur-le-Lay

(1) du chanoine Auber.

comme d'un prieuré très considérable ou plutôt comme d'un second monastère, dépendant de celui de Luçon, auquel il était annexé.

Dix jours avant sa mort, Guillaume de La Rochefoucaud fit aux Moutiers son testament le 17 janvier 1388.

Etienne Loypeau, sacré dans l'église Saint-Hilaire de Poitiers le 15 mars 1387, date en 1392 trois titres, l'un à Luçon, et les deux autres aux Moutiers-sur-le-Lay, maison de campagne des évêques.

En 1393, il se trouve mêlé directement à un grave conflit : « Les évêques de Luçon possédaient aux Moutiers-sur-le-Lay une résidence d'été où ils habitaient le plus souvent. Les Moutiers relevaient féodalement de Mareuil, possession de La Trémouille, de qui, au moment des expéditions des Anglais en Poitou, les évêques de Luçon avaient obtenu l'autorisation de fortifier leur hôtel des Moutiers. Un mémoire conservé dans le riche chartier de Thouars nous apprend « qu'Estienne Loypeau, estant évesque de Luçon, paracheva de fortifier la place des Moutiers. » Mais la chose faite, messire Loypeau ne tarda pas à contester la vassalité des Moutiers vis-à-vis de Mareuil, et voulut y nommer « un capitaine de par luy ». M. de La Trémouille porta plainte en la Cour des Requêtes à Paris, qui mit fin aux velléités d'indépendance de l'évêque. Le capitaine de Mareuil pour M. de la Trémouille était en ce temps un chevalier, André Rouault, des Rouault de la Rousselière.

Ces Rouault avaient été anoblis en 1317 par le seigneur de Parthenay ; c'est un assez rare exemple d'anoblissement par des seigneurs. Le 1er juin 1383, André Rouault, dont il s'agit, rend hommage à Vouvant pour le fief patrimonial de la Rousselière, situé près de Chef-fois ; il se qualifie chevalier, seigneur de Bois-Maynard. Un autre aveu témoigne qu'il vivait encore en 1409.

Rouault, prenant naturellement parti pour son seigneur dans une affaire où l'intégrité de sa capitainerie de Mareuil était en jeu, combattit par tous les moyens les prétentions de l'évêque qui, son procès perdu, ne se refusa pas la satisfaction de se venger du seigneur sur le capitaine. Or André Rouault était loin de donner l'exemple des vertus domestiques. Il vivait publiquement depuis plus de quatorze ans avec une femme mariée, nommée Catherine, femme d'un nommé Jean Roy. Ces Rouault, dont un descendant, Louis, fut plus tard évêque de Maillezais, de 1451 à 1475, étaient des seigneurs turbulents et de peu aimables voisins. La conduite privée d'André Rouault donnait à l'évêque de Luçon une occasion de sévir, il ne la laissa pas échapper, il admonesta puis excommunia le gentilhomme et sa concubine. Celui-ci regimba contre la censure ecclésiastique, et son fils et lui proférèrent hautement des menaces contre l'évêque. Etienne Loypeau s'empressa de leur faire signifier la sauvegarde octroyée jadis par les rois de France aux évêques de Luçon ; mais cette protection assez lointaine n'arrêta pas André Rouault qui, des menaces passa vite aux voies de fait. Voici la plainte portée par l'évêque devant le Parlement de Paris où il fit citer l'agresseur. Il dit « que la femme et bien dix-huit autres personnes alèrent à Pouzauges et là battirent un sien officier nommé Nicolas Pillot qui portait lettres de lui et l'étendirent sur un étal et lui firent violence ; dit que de là allèrent dans un autre lieu accompagnez comme devant et armez, et prirent deux de ses chevaux, et de là alèrent à Saint-Vincent où, au comptempt de luy ils se logèrent au prieuré où ils prirent tout à leur volonté, et prirent deux des gens de l'évesque, et en l'ostel de Corps prirent le cierge benoît fait pour Pasques et rompirent coffres où il y avait or et argent qu'ils emportèrent, et aussi prirent une chambrière grosse qu'il cognurent charnellement et l'emmenèrent sur une selle le ventre dessus, et, tant qu'elle, dedans quatre jours, fut avortée, etc... » L'évêque demande pour tout cela une condamnation à une amende honorable et aux dommages. L'affaire, qui fut appelée le 17 juillet 1393, fut renvoyée, et fut probablement arrangée ensuite à l'amiable, car nous n'en avons plus retrouvé trace dans les registres du Parlement » (1).

Comme mœurs du temps, voilà qui n'est pas banal du tout.

Cet évêque se décida à quitter le voisinage d'un seigneur et maître aussi expéditif. Il acheta d'Aimery de Rochechouart deux maisons sises rue Saint Jacques à Paris. Il les revendit les 17 juillet 1400 à Maître Miles Dangueul, conseiller du roi et maître de ses comptes à Paris, réalisant un bénéfice de 125 fr. Il avait remis pouvoir de traiter cette affaire à Jean Bedouyt, clerc-procureur, par lettres de procuration, données aux Moutiers-sur-le-Lay, le 8 juillet 1400. La vente fut confirmée le 26 juillet aux Moutiers-sur-le-Lay, par l'évêque en personne. Il mourut le 13 septembre 1407.

En 1309 il existait un procès très important entre l'abbé et les religieux de Luçon représentés par frère Pierre de la Voyrie, l'abbé de Luçon et Jean Robert procureur de ce monastère, et Deny de Melle, seigneur de Ste-Hermine et de Gernac pour les droits sur le marché et le minage de Luçon. On va bientôt voir le monastère de Luçon s'élever en position et devenir un évêché. Aux Moutiers-sur-le-Lay était déjà un prieuré très considérable ou plutôt un second monastère dépendant de celui de Luçon ; 32 paroisses dépendaient du doyenné de Mareuil-sur-le-Lay.

(1) De E. Bourloton.

Georges de La Trémouille jouissait dans Luçon d'une seigneurie et il éleva la prétention de considérer, comme dépendant de Lui, tout ce qui était la propriété de l'évêque et du chapitre de Luçon. Toujours est-il qu'un jour il entra de force dans la forteresse de Luçon, appartenant à l'évèque, en chassa le capitaine nommé par celui-ci et en établit un autre pour y commander en son nom. Ensuite il se porta avec des troupes et des canons devant le château des Moutiers-sur-le-Lay, et l'assiégea, ainsi que l'église. Dans ce siège, où il fut tiré bon nombre de coups de canons, il y eut un grand nombre d'hommes tués, tant prêtres que clercs et gens de guerre, Enfin les assiégés furent obligés de capituler, et La Trémouille s'empara, non seulement de ce qui appartenait à l'évêque, aux personnes de sa suite et même aux habitants, et laissa garnison et capitaine dans le château (de 1400 à 1423).

Non content de s'être établi ainsi en maître à Luçon et aux Moutiers-sur-le-Lay, sous prétexte qu'il avait la supériorité féodale sur ces deux localités, et dominant ainsi tout le canton par la petite armée qu'il avait réunie, Georges de la Trémouille s'ingéra de lever sur les vassaux de Luçon une taille en espèce de 2700 écus vieux, et une autre taille de même valeur en denrée. De plus il s'empara de tout le temporel de l'évêché et du chapitre, dans un rayon assez éloigné de Luçon.

Les évêques de Luçon prétendaient exercer le droit appelé melius animal. Ce droit n'était appuyé sur aucun titre et ne tirait son origine que sur un usage qu'avait le prélat de prendre, à la mort de tous les prieurs et curés de son diocèse, séculiers et réguliers, le bréviaire et le cheval de selle qui avaient servi au défunt, ou 10 livres 10 sous en argent à son choix.

A la suite d'un différend survenu en 1423 entre Elie Martineau, évêque de Luçon, et les religieux-chanoines de la cathédrale, relatif à ce melius animal, il y eut une transaction. L'évêque fit abandon de ses droits et les religieux lui cédèrent en échange deux moulins à eau, appelés les Moulins de Minclay, sur la Semagne. Cette transaction fut signée par l'évèque aux Moutiers : *in camera nostra paramenti, in castro nostro de Monasteriis*

En 1421, il fut dressé un acte qui maintient Guillaume Goyon, 10e évèque, dans le droit de nommer les capitaines des châteaux de Luçon et des Moutiers, sur lesquels lui et ses prédécesseurs avaient toute juridiction, haute, moyenne et basse. Ce droit fut longtemps contesté par la maison de La Trémouille, malgré que l'autorité royale fut intervenue. Voici la pièce qui établit ce fait.

« Charles, VIIe du nom, par la grâce de Dieu, roi de France, aux sénéchaux du Poitou, du Limousin... salut... Notre aimé et féal conseiller Guillaume, évêque de Luçon, nous a fait exposer que, à cause de son dit évêché... et des droits temporels d'icelui, lui compétent, et est seigneur des châteaux de Luçon... et des Moutiers, et en iceux châteaux ont lui et ses prédécesseurs toute justice et juridiction, haute, moyenne et basse, droit de mettre... capitaines tels que bon lui semble... Nous, ces choses considérées, voulant la maintenue des droits des églises de notre royaume, nous mandons... que l'empêchement mis à esdites places... vous ôtiez, en faisant jouir le dit évêque... comme il faisait auparavant... »

Bourges, 16 novembre 1424. L'évêque nommait noble homme Tristan Chabot, seigneur de Bressigny.

Par suite de la persécution de Georges de La Trémouille envers l'évêque de Luçon, ce prélat fut obligé de se pourvoir de justice contre ce personnage devant l'autorité judiciaire. Alors il fut jugé en 1436, par le parlement, encore siègeant dans la ville où il se trouvait, et à l'encontre du sieur de La Trémouille, qu'à lui évêque de Luçon, appartenait le droit de nommer les capitaines chargés de la garde des châteaux de Luçon et des Moutiers-sur-le-Lay, sauf au roi à accorder l'institution de droit et celui de lever des tailles. (On sait que le monastère des Moutiers-sur-Lay était toujours une espèce de succursale du monastère de Luçon.)

Nous trouvons en l'année 1437 un acte portant que Guillaume Chabot, écuyer, nommé par le roi capitaine des châteaux et forteresses de Luçon et des Moutiers-sur-le-Lay, avait prêté serment entre les mains de Jean Fleury, évêque de Luçon, et était, sur sa demande, demeuré chargé surtout de la garde des Moutiers.

Ce fut dans le château des Moutiers, *in camera paramenti ipsius castri*, que l'évêque Jean Fleury fit, le 18 août 1441, son testament par lequel il accordait à l'église de Luçon des biens pour faire construire la sacristie et une bibliothèque près du dortoir du chapitre.

Les difficultés pour les places fortifiées de l'évêché de Luçon et relativement à la bastille de Luçon avec La Trémouille existaient toujours ; aussi on trouve des lettres de Charles VII, du 27 février 1433-1444, adressées à Henry de Launay, capitaine des Moutiers-sur-le-Lay, pour lui enjoindre de remettre cette place à l'évêque de Luçon. On y établit que l'évêché avait été en débat et division, et que le prélat a prêté son serment de fidélité.

En 1450, Nicolas Cœur, frère du célèbre argentier de Charles VII, obtient du roi l'établissement de deux foires fixées, l'une au lundi après l'Ascension, l'autre au mardi après la Toussaint, et de plus un marché le mardi de chaque semaine. Pour justifier sa demande le prélat dit « que le lieu est très grand, très peuplé, placé sur le bord d'une grande rivière et possède un grand beau chemin ».

L'obtention de cette faveur déplut au jeune baron de Mareuil, Georges de la Trémouille qui bombarda le château des Moutiers, y entra de force, le pilla, et tua un grand nombre de prêtres et d'habitants.

En 1458, la Trémouille renonça à mettre des capitaines à Luçon, à Triaize et aux Moutiers, et ce droit fut consacré à l'évêque ; il renonça aussi au droit de paqueraige sur les troupeaux de l'évêque et du chapitre et il consentit à l'établissement des deux foires et du marché.

Il paraît que peu après son élévation au siège épiscopal de Luçon, Nicolas Boutaud abandonna le séjour des Moutiers, qu'habitaient ordinairement ses prédécesseurs pendant la belle saison. Probablement que le pillage et les dévastations de cette localité, par les partisans de la maison de La Trémouille, avaient rendu ce lieu inhabitable. Toujours est-il que Nicolas Boutaud établit sa résidence habituelle à Châteauroux, belle propriété près de Sainte-Hermine.

Le lieu des Moutiers ainsi privé de la présence de l'évêque diocésain et de son entourage, il fallait lui donner une légère indemnité. C'est ce qui décida Nicolas Boutaud à établir, par déret du 19 mai 1469, dans le prieuré sécularisé de l'ancienne résidence d'été de ses prédécesseurs, un prieur séculier et deux compagnons ou vicaires, pour y administrer les sacrements et y dire les heures canoniales. Il y eut plus tard un procès avec la famille de ce prélat, pour l'exécution de cette fondation.

Nicolas Boutaud est mort le 27 décembre 1490.

Il résidait parfois dans l'ancienne seigneurie de l'Aubonnière-des-Champs qui fut possédée pendant plusieurs siècles par ses ancêtres. La famille Boutaud figura dans les guerres des protestants dont elle avait embrassé la cause. Louis Boutaud, seigneur de Chenevert, paroisse de Nieul-le-Dolent, était le cadet de cette famille riche et de fort ancienne noblesse ; l'aîné, Claude, portait le titre de seigneur de l'Aubonnière, et le troisième, Joachim, était prévôt de N.-D. de Fontenay. Louis, d'abord religieux, s'était marié et avait embrassé chaudement les idées de Calvin.

## Prise du château des Moutiers en 1491.

Nicolas Boutaud avait à peine rendu l'âme qu'en 1491, Pierre du Puy du Fou, seigneur de Bourneau, s'empara à son tour du château épiscopal des Moutiers, malgré les ordres du roi Charles VIII et les injonctions des hommes d'armes du duc de La Trémouille. Arrêté néanmoins il fut conduit à Mareuil, mais les défenseurs du château au nombre de vingt-cinq prirent fait et cause pour lui. Dans la mêlée, un nommé Petit-Jean, serviteur du prévôt de Parthenay, en le poursuivant, reçut du seigneur de Bourneau plusieurs coups dont il mourut. Sur les supplications du Puy du Fou, Charles VIII, à la date du mois de mai de la même année, lui accorda des lettres de rémission expédiées de la grande chancellerie, par lesquelles le roi exerçait son droit de grâce en faveur des coupables punissables de mort.

## Le château des Moutiers en 1491.

« Dans l'ancienne jurisprudence, on appelait lettres de rémission des lettres patentes expédiées de la grande chancellerie par lesquelles le roi exerçait son droit de grâce en faveur des coupables de crimes punissables de mort. Généralement restreintes aux cas d'homicide sans préméditation, elles abondent presque toutes en particularités et détails de mœurs très circonstanciées.

Les registres du trésor des chartes, aux archives nationales, renferment les copies d'un grand nombre. Ce n'est pas toutefois à cette source que nous puisons celles accordées à Odon Bertrand, en mai 1491, qui relatent un fait intéressant pour l'histoire du château des Moutiers-sur-le-Lay. Elles sont conservées en original dans les chartiers de Thouars, aux titres de la baronnie de Luçon.

## Grâce du Roy pour Odon Bertran.

Charles, par la grace de Dieu roy de France. Savoir faisons à tous présens et avenir. Nous avoir receue l'umble supplication de Hodon Bertran, archer de nostre ordonnance soubz la charge et conduicte de nostre cher et feal cousin le sire de La Trimoille. contenant que nous, advertiz du trespas du feu evesque de Luçon derrain décédé (1) escrivismes à nostredit cousin de La Trimoille, nostre lieutenant, prendre et saisir les places dudit évesché et les metre seurement en nostre main jusques adce que audit éveschéeust esté pourveu de personne à Nous seure et féable. Lequel nostre dit cousin de La Trimoille sitoust qu'il eust receu nosdictes lettres y envoya premièrement Rolant Le Gras escuier, l'un de ses gentilz hommes, avec commission et lettres missoires aux capitaines et garde estans dedans la place des Moustiers sur le Lay, lequel y ala et leur présenta lesdictes lettres. Les quelx luy firent response que l'évesque n'estoit pas encores mort, combien qu'il le fust, comme on disoit ; et s'en retourna au lieu de Sainct Hermine et de là s'en alla à Luçon pour semblablement saisir la place et hostel episcopal de Luçon, où il trouva des gens de guerre de la compaignée de nostre très cher et très amé frère et cousin le duc de Bourbonnois qui s'étoient mis dedans. Et cependant ung nommé Pierre du Puy du Fou, sieur de Bourneau, se mist au chasteau et place desdicts Moustiers sur le Loy, dont le dit Rolant advertit nostre dit cousin de La Trimoille, son maistre, lequel escripvit audit du Puy du Fou deux ou troys paires de lettres afin

(1) Nicolas Boutaud, décédé le 27 Décembre 1490.

que incontinent il baillast et délivrast ladicte place au dit Rolant ce qu'il ne voult faire. Et a ceste cause le dit Rolant en advertit dere chief nostredit cousin de La Trimoille, lequel y envoya Cibus de Poisieu, escuier, cappitaine des archers de sa compaignée, avec luy quatre archers d'icelle compaignée, c'est assavoir le dit suppliant, Grégoire de Soisson, (1)... Chamailleres et... Majurie, et leur bailla commission et mandement de prendre ladicte place et de prendre au corps ceuls qu'ilz trouveraient résistans, et tenir icelle place. Et de fait y alèrent et passèrent par ledict lieu de sainct Hermine, où ilz trouvèrent ledict Rolant lequel, qui estoit comprins oudit mandement, los conduisit et alèrent ensembre audict lieu des Moustiers et trouvèrent ledict du Puy du Fou hors de la place, qui venoit de l'esbat, auquel les dessus dicts présentèrent de par nostre dit cousin de La Trimoille, autres lettres contenans que, incontinent icelles veues, il baillast ladicte place. Ce qu'il ne voult faire, en son excusant d'avoir commission du sire de Bressuire et qu'il en vouloit avoir descharge. Et voyons les dessus nommez son reffus et désobéissance, se saisirent de sa personne et la montèrent sur ung cheval pour le mener à Mareuil, ce que les gens estans dedans le chasteau apperceurent, et pour le cuider rescourre saillirent hors dudit chasteau jusques au nombre de xxv ou environ, armez et embastonnez d'arbalestes, voulges, javelines, épées, cousteaulx et bracquemars, et vindrent courir sur les gens de nostre dit cousin de la Trimoille jusques en la halle dudit lieu, en tirant sur eulx traitz d'arbalestes tellement qu'ilz furent contrains d'eulx metre en deffense et les reboutèrent jusques dedans ledit chasteau. Et pour ce que en les reboutant un nommé Petit Jehan, que on disait serviteur du prevost de Parthenay,

1) Ces deux noms de baptême en blanc.

qui estoit sailly du château avecques les autres embastonné d'un bracquemart tout à nu, poursuyvit le dit suppliant en le combatant et lui donna plusieurs coups et collées sur sa javeline dudit bracquemart, tellement que ledit suppliant, pour lui résister, lui donna de sa javeline ung coup au cousté dextre. Et après ledit serviteur se retira audit chasteau, tenant toujours son dit bracquemart nu, en la maison des greniers où tantost après, à l'occasion dudit coup, il ala de vie à trépas. A l'occasion duquel cas ainsi avenu que dit est, ledit suppliant, qui est jeune et de bonne vie et honneste conversacion, ne fust jaimais attainct ne convaincu d'aucun cas, blasure ou reprouche, doubte que ci après on le vouloit molester de travailler en corps ou en biens se noz grace et misericorde ne lui estoient sur ce imparties, humblement requerant icelles.

Pourquoi Nous, ces choses considérées, voulans miséricorde préférer à rigueur de justice, au dit suppliant avons quitté, remis et pardonné et par la teneur de ces présentes de nostre plus ample grâce espécial, plaine puissance et auctorité royal, quittons, remettons et pardonnons le fait et cas dessus dit avec toute peine, offense et amende corporelle, criminelle et civile en quoy pour occasion dudit cas, il peut ou pourrait estre encouru envers. Nous et justice, et l'avons restitué et restituons à son bon fame et renommée au pays et à ses biens non confisquez satisfaction faicte à partie civilement tant seulement, se faicte n'est, en metant au néant tous procès, deffaulx, bannissemens et appeaulx, s'aucuns s'en sont ou estaient pour ledit cas, contre lui ensuiz. Et sur ce avons imposé et imposons silence perpétuel à notre procureur présent et à venir et a tous autres.

Si donnons en mandement par cesdictes présentes au seneschal de Poictou et à tous noz autres justiciers ou à leurs lieutenans présens et à venir, et à chascun d'eulx sur ce requis et comme à lui appartiendra, que de nostre présente grace, quictance, remission et pardon facent, seuffrent et laissent ledit suppliant joyr et user plainement et paisiblement sans, pour occasion dudit cas, luy faire metre ou donner ne souffrir estre fait, mis ou donné ores ne pour le temps avenir aucun arrest, destourbier ou empeschement en corps ne en biens en aucune manière, ainçoys se son corps ou aucun de ses biens sont ou estoient pour ce prins, saisiz, arrestez ou aucunement empeschez, luy metent ou facent metre incontinent et sans délay à plaine délivrance. Et afin que ce soit chose ferme et estable a toujours, Nous avons fait metre notre séel à cesdictes présentes, sauf en autres choses nostre droit et l'autruy en toutes.

Donné à Tours, ou mois de may, l'an de grâce mil CCCC quatrevins unze, et de règne le huitiesme.

Par le Roy à la relacion du Conseil.

TEXIER

*Visa*

*Contentor*

TEXIER. (1)

## Episcopat de Pierre de Sacierges.

L'abandon du prieuré et du château des Moutiers ne fût que momentané, puisque le successeur de Nicolas Boutaud, Pierre de Sacierges, s'y installait à nouveau. C'était le XVe évêque de Luçon, de 1494 à 1514; il est décédé le 9 décembre de cette dernière année.

Il cherchait à répandre quelques bienfaits sur le séjour qu'il avait choisi. Grand ami des lettres et des arts, il y

(1) Société d'émulation de la Vendée.

appelait en 1508 Jehan Clémenceau, qui s'y fixait comme libraire. Donc on vendait des livres aux Moutiers sous Pierre de Sacierges, ce qui était alors rare, car une lettre du roi Louis XII, donnée à Blois le 5 février 1509-1510 exempte, dit le bon roi, Jehan Clémenceau, libraire, de toutes charges publiques, comme tailles, etc... « C'était une grâce en faveur des lettres qui avaient grand besoin de protection, car le sieur Clémenceau était à peu près le seul libraire du diocèse » (1). En 1789 il y en avait à peine un dans tout le diocèse.

Cette famille prospéra sans nul doute, puisque dans un acte de 1547, un Jacques Clémenceau, licencié en droit, chantre et chanoine de Luçon, est qualifié d'auditeur de la cour ecclésiastique des Moutiers-sur-le-Lay, tandis qu'un nommé Pierre Dubrée signait avec lui le testament de Millon d'Illiers sous le titre de chanoine de l'église collégiale des Moutiers-sur-le-Lay. Elle comptait alors un prieur, un recteur et douze prêtres.

## Quelques mots sur le concordat de 1515.

Pendant les premiers siècles du christianisme, les prêtres furent élus par les fidèles ; ce ne fut qu'après les IV<sup></sup>e et Ve siècles, après Constantin et après les invasions des Barbares, que les évêques devinrent de grands personnages et de vrais seigneurs féodaux, et plus longtemps encore les papes, loin d'être considérés comme infaillibles, virent constamment leur autorité subordonnée à celle des Conciles généraux. Ces principes gouvernèrent à peu près l'église de France jusqu'en 1515.

A cette époque, François Ier eut à Boulogne une entrevue avec le pape Léon X et entre eux fut conclu un

(1) Chroniques paroissiales.

Concordat. D'après ce traité, les élections ecclésiastiques furent supprimées, le roi eut le droit de nommer à tous les évêchés, à tous les bénéfices ; en revanche, il renonça à invoquer contre le pape l'autorité des conciles. Ce concordat porta une première atteinte à l'indépendance de l'église de France ; elle tomba en apparence sous la domination du roi, en réalité sous la domination du pape, à qui, grâce à l'institution canonique, le dernier mot restait toujours. De plus, par le Concordat, une foule d'abus furent confirmés et durèrent jusqu'en 1789, tel le droit pour le pape de lever en France de véritables impôts analogues au denier de Saint-Pierre actuel, tel encore que le droit de prélever les revenus des évêchés vacants, etc., qui faisait sortir chaque année plusieurs millions de francs pour la cour de Rome. Malgré de vives et nombreuses protestations, le concordat de 1515 subsista jusqu'à la constitution civile du clergé en 1790.

Après Pierre de Sacierges, ses successeurs à l'évêché de Luçon furent nommés d'après les conditions du ci-dessus concordat.

## Famille Clémenceau de la Série, de la Clémencière et de la Ronde.

Jehan Clémenceau, natif des Moutiers-sur-le-Lay, jeune homme assez déluré pour son époque (xv^e^ siècle) fut pris en amitié par Mgr de Sacierges, évêque de Luçon, lequel habitait plus souvent le château épiscopal des Moutiers que celui de Luçon, l'envoya à Poitiers chez l'imprimeur Marbœuf. Lorsqu'il sut son métier, il ne trouva pas d'endroit plus convenable pour s'établir que les Moutiers, car à cette époque la noblesse et le clergé y abondaient ; il installa son imprimerie à la Lande, la construction existe encore de nos jours et conserve un vieux cul-de-lampe à un angle donnant sur la route.

Il se maria quelques années après son installation avec une demoiselle Voyneau qui habitait Mareuil ; elle était dame de la Touche-Levraud ; de ce mariage naquirent quatre enfants,. dont un fut grand chantre en dignité et chanoine honoraire de la cathédrale de Luçon. Il habitait la Clémencière, lieu qui est aujourd'hui le couvent des dames Ursulines de Luçon. Un autre de ses frères fut avocat au parlement de La Rochelle ; un troisième se maria, eut des enfants. Le grand chantre érigea pour l'aîné de ses neveux les Couffardières des Moutiers en majorat noble, mais les guerres de religion étant survenues, les protestants brûlèrent les Couffardières et la Clémencière et le majorat fut détruit. Ce Clémenceau signait Clémenceau de la Clémencière.

J'ai aussi trouvé dans mes recherches un Clémenceau de la Ronde, un Clémenceau de la Série ; cette dernière branche s'est éteinte le 25 décembre 1891, dans la personne de M^lle Angèle Clémenceau de la Série, décédée à Luçon, fille de Clémenceau de la Série, François-Joseph, et de feue Girard de Villard, Marie-Aimée.

Cette famille avait contracté alliance avec les Rampillon, du Breuil, les Thévenin de Salidieu, Aubusson de la Mesleray, de Beauregard, de Lespinay, du Cuissard, de la Véronnière, d'Authon, de Châteauroux. (1)

Le 29 Septembre 1685, abjuration entre les mains de Boisdavy, archidiacre de Luçon, de Benjamin Clémenceau, docteur en médecine, demeurant à la Série, et de Charlotte Chartier, sa femme, de Charlotte Soulard, sa nièce, et de Louis Clémenceau, le tout dans l'église de Bellenoue.

Bellenoue a été réunie à la commune de Château-Guibert, vers 1830.

(1) Je tiens ces détails de M. Mandin.

Le 11 avril 1671 Elisabeth Clémenceau dame de Salidieu a été marraine aux Moutiers de Jean Seguin, le parrain était maître Jean Aulneau.

Le 14 septembre 1672 a été baptisé aux Moutiers Joseph, fils légitime de messire Louis Thévenin, chevalier, seigneur de Salidieu et de dame Elisabeth Clémenceau, de la paroisse de Bessay. Parrain, messire René de Béchillon, chevalier, seigneur de la Girardière. Marraine, dame Madeleine Thévenin, dame du Nau.

Le 12 juillet 1669 signent à Bessay Marie-Anne Clémenceau et Anne-Marguerite Clémenceau, parentes de Thévenin-Clémenceau. Le 31 mars 1674 signe encore Marie Clémenceau.

A. Lièvre parle dans son livre d'un « Jacques Clémenceau, pasteur de Poitiers, à la fin du XVI^e siècle et au commencement du XVII^e. Il était probablement de la famille qui habite encore le Bas-Poitou et à laquelle appartenait René Clémenceau qui, au mois d'octobre 1699, quitta la France pour passer dans quelque pays protestant. Le lieutenant criminel de Poitiers le condamna par contumace, pour ce motif, aux galères perpétuelles, et sa femme Louise Olivier, qui l'avait suivi, à la réclusion dans un couvent. La famille de René interjeta appel, mais le parlement, par un arrêt du 20 juillet 1700, confirma la sentence qui fut exécutée en effigie, à Poitiers, le 7 août suivant. Quelque temps après, deux de ses plus proches parents, Jacques et Benjamin Clémenceau sollicitèrent les biens des fugitifs et les obtinrent au mois de mars 1702, Benjamin en prouvant qu'il allait à confesse et Jacques en assurant qu'il avait toujours été catholique. En raison de ces bonnes dispositions, la cour leur accorda aussi main-levée des propriétés de Jean Olivier et d'Anne Clémenceau, qui s'étaient également expatriés pour jouir de la liberté de conscience; Anne, dont il est ici question, est probablement la même qu'une demoiselle Clémenceau des Chaffaux, de Chantonnay, sortie de France après la déclaration du mois de février 1699, qui renouvelait la défense d'émigrer sous les peines les plus sévères. »

A Mouchamps on trouve : « Le 29 juin 1695 : baptême de Charlotte-Marguerite, fille de n. h. Jacques de Ladouespe, sénéchal de ce lieu (Mouchamps) et de dame Charlotte Clémenceau, enfant née le 26 du même mois. (Plus loin Mme de Ladouespe a le prénom de Marguerite).

24 juin 1696 : baptême de Louise-Catherine, fille des mêmes.

19 décembre 1697 : baptême de Jacques-Louis, fils de n. H. maître Jacques de Ladouespe, sieur du Baré, sénéchal de Mouchamps, et de Marguerite Clémenceau.

5 octobre 1699 : baptême d'une fille (le prénom n'est pas indiqué) des mêmes.

2 octobre 1700 : baptême de Benjamin, fils des mêmes, le père est porté avocat en parlement.

3 juillet 1704 : baptême de Daniel-Louis, fils de Louis Clémenceau, sieur de la Série, et de demoiselle Charlotte Soullard.

10 décembre 1705 : la sépulture de Louise Petit, veuve de M. Daniel Soulard, sieur de l'Aufraire, docteur en médecine, est faite en présence de René Chapeau, sieur de la Boulaie, de Louis Clémenceau sieur de la Série, et de Charles Micheau, sieur de Beaulieu, ces trois derniers, gendres du dit Soulard.

27 février 1706 : baptême de Jacques Benjamin, fils de Louis Clémenceau, sieur de la Série, et de Charlotte Soulard.

29 mars 1706 : sépulture de Jacques-Benjamin Clémenceau, décédé le 28 au logis du Colombier, âgé d'un mois.

9 mars 1709 : baptême de Pierre Benjamin, né la veille, fils des précédents.

25 août 1726 : sépulture du corps de demoiselle Charlotte Soulard, femme du sieur Clémenceau de la Série morte la veille, nouvelle convertie. La sépulture est faite en présence de deux fils de la défunte, dans le cimetière du temple.

10 juillet 1731 : mariage de maître Charles-René Girard de Villars, docteur en médecine, âgé de 32 ans, fils de maître Girard sieur des Moulins et de Charlotte Chappeau, de la paroisse de Chantonnay, avec demoiselle Marie Deladouëspe, environ 32 ans, fille de maître Jacques de la Douespe, avocat en parlement, et de Marguerite Clémenceau, de cette paroisse. — Dispenses de parenté ; 4e et triple degrés de consanguinité.

9 mars 1739 : Décès, au logis de Lanconnière au bourg de Mouchamps, de maître Jacques de la Douespe, avocat en parlement, ancien sénéchal de Mouchamps, âgé d'environ 74 ans, hors de la communion de l'église catholique, selon la déclaration de Me Charles de Villars, son gendre, catholique.

20 décembre 1739 : Décès de Louise-Marguerite Clémenceau, veuve du précédent, à l'âge d'environ 64 ans, hors la communion de l'Eglise, suivant la déclaration de M. Charles de Villars, son gendre.

20 août 1748 : Après dispenses de parenté, mariage de Pierre — Benjamin Clémenceau, veuf de Marie-Madeleine Godet, avec Anne-Charlotte — Louise Bouquet, fille de Paul Bouquet, sieur de la Chadellière, et de Anne-Louise Chappeau, tous deux de cette paroisse.

29 mai 1749 : baptême de Pierre-Paul, fils des précédents, le père porté avocat en parlement, tous deux catholiques, du logis du Colombier.

4 juin 1750 : baptême de Marie-Charlotte, fille des précédents.

31 mars 1752 : baptême de Louise-Pélagie, fille des mêmes.

13 mai 1754 : Permission à demoiselle Louise-Florence Clémenceau, fille mineure de Pierre-Benjamin Clémenceau et de feue demoiselle Marie-Madeleine Godet, pour se marier avec Pierre Bouquet, docteur en médecine, fils de Paul Bouquet, sieur de la Chadelière, et de Louise Chappeau, de la paroisse de Chantonnay.

9 mai 1758 : mariage de maître Samuel Clémenceau, sieur de Marsilly, majeur, fils de feu maître Pierre Clémenceau et de demoiselle Henriette de Cambron, de la paroisse de Chantonnay, avec demoiselle Suzanne-Modeste Biaille, fille mineure de maître Jean Biaille, sieur du Clos, et de Jeanne Aubry, de cette paroisse — dispenses de consanguinité au 3e degré.

1er septembre 1761 : sépulture d'Alexandre-Emilien Clémenceau, fils des précédents, enfant de 7 mois environ.

3 septembre 1766 : après dispenses de parenté, mariage de maître Pierre-Paul Clémenceau, docteur en médecine de la faculté de Montpellier, fils de maître Pierre-Benjamin Clémenceau, licencié-es-loix, et de demoiselle Anne-Charlotte-Louise Bouquet, avec mademoiselle Charlotte Maillot de la Bassetière, fille de feu Charles Maillot de Laufraire et de Jeanne Thibaudeau.

22 juin 1777 : baptême de Paul-Jean-Benjamin, fils des précédents.

22 Avril 1779 : baptême de Charlotte-Christine, née la veille, fille des mêmes. Parrain et maraine : h. h. maître Alexandre Biaille, sieur de la Longeais, licencié ès loix et Charlotte Bouquet, épouse d'honorable homme Pierre-Benjamin Clémenceau, licencié.

30 Avril 1780 : baptême de Marie-Thérèse-Mélanie, née le même jour, fille des mêmes : Parrain et marraine : N. h.

Jean-Baptiste Blampain, contrôleur de bouche de Monseigneur le duc d'Orléans, oncle par alliance, et demoiselle Marie-Charlotte Clémenceau.

4 Juillet 1780 : Après dispenses de parenté, mariage, dans l'église de Rochetrejoux, d'honorable homme Gabriel-Pierre Boisson, notaire royal, de la paroisse de Mouchamps, avec demoiselle Marie-Charlotte Clémenceau, fille d'h. h. Pierre-Benjamin Clémenceau et de Louise-Charlotte Bouquet, de droit de cette paroisse et de fait de celle de Chantounay.

25 octobre 1781 : baptême de Louise-Agathe, fille de n. h. Pierre-Paul Clémenceau, docteur en médecine, et de Charlotte Maillot.

17 Janvier 1782 ; Sépulture du corps d'h. h. Pierre-Benjamin Clémenceau, décédé la veille à sa maison du Colombier, à l'âge de 73 ans.

26 mai 1784 : baptême de Pélagie-Florence Benjamine, fille d'h. h. Pierre-Paul Clémenceau, docteur en médecine, et de Charlotte Maillot.

27 janvier 1787 : Sépulture, dans le cimetière du bourg, de demoiselle Charlotte-Louise Bouquet, veuve de maître Pierre-Benjamin Clémenceau, décédée la veille à 61 ans 1/2, sépulture faite en présence de noble Pierre-Paul Clémenceau, docteur en médecine, son fils, et de maître Gabriel Boisson des Touches, notaire royal, son gendre.

2 Février 1791 : mariage de maître Jacques-Paul Morisson, veuf de demoiselle Agathe-Félicitée Galipaud, de la paroisse de Saligny, avec demoiselle Louise-Pélagie Clémenceau, fille de feu maître Pierre-Benjamin Clémenceau et de feue Charlotte Bouquet, de cette paroisse.

25 décembre 1792 : M. Clémenceau, 1er maire de Mouchamps.

30 prairial an VII. Pierre-Paul Clémenceau, président de l'administration municipale du canton de Mouchamps.

Le 4 thermidor, au VIII, il est Sous-Préfet de Montaigu, jusqu'en 1806.

Le 7 Février 1806, M. Clémenceau, qui vient d'être nommé membre du corps législatif, écrit aux maires de l'arrondissement qu'il cesse les fonctions de Sous-Préfet ; il les remercie de lui avoir facilité sa tâche. Le 15 décembre 1814, il est membre du Conseil municipal de Mouchamps. Le 28 mars 1802, il est porté docteur-médecin, et demeure au bourg de Mouchamps. Le même jour meurt à Mouchamps Louise-Pélagie Clémenceau épouse de Jacques-Paul Morisson. Pierre-Paul Clémenceau est décédé à Montaigu le 10 novembre 1825 » (1).

Dans les archives de Bellenoue, j'ai trouvé : Jeanne-Alexandrine-Angèle Clémenceau de la Série, décédée en 1891, fille de Clémenceau de la Série et de Marie-Charlotte-Aimée de Villard. est née le 26 juillet 1807. Son père François-Joseph Clémenceau de la Série, fils de feu Louis-Joseph Clémenceau de la Série, ce dernier veuf de dame Payneau, veuve elle-même de M. Destrapière, époux de dame Girard de Villard, vivante, est décédée le 8 février 1819. Louis-Joseph Clémenceau, fils de Daniel-Louis Clémenceau de la Série et de René-Charlotte Blanchard est né le 21 mars 1736 et décédé (époux Payneau) le 6 août 1780. Le 18 mars 1730 est née Perrine-Charlotte, sœur du précédent ; parrain : Pierre-Benjamin Clémenceau, sieur de la Ronde.

Le 9 janvier 1760 est né Simon-Louis François Clémenceau, fils de Louis-Joseph Clémenceau et de Marguerite-Thérèse Payneau, décédé en 1779. Le 21 avril 1770 est né François-Joseph, frère du précédent. Louis Daniel Clé-

(1) Je dois ces renseignements à M. Sarrazin, de la Bonnière de Mouchamps qui a fait des recherches aux archives communales.

menceau est décédé le 2 janvier 1753. Il avait abjuré en 1685, âgé de 10 ans en même temps que sa sœur Marguerite, sa cousine Charlotte Soulard, alors âgée de 17 ans qu'il paraît avoir épousée ; elle était fille de Jeanne Clémenceau, son père messire Benjamin Clémenceau, docteur en médecine, décédé le 28 mars 1693 et sa mère Charlotte Chartier, âgée de 38 ans.

J'ai trouvé à la Réorthe : Paul-Jean-Benjamin Clémenceau, veuf de Marie-Thérèse-Gabrielle Joubert, fils de feu Paul Clémenceau et de feue Charlotte Maillot, est décédé le 18 avril 1860, âgé de 83 ans. Son fils, Paul-Benjamin Clémenceau est né le 29 avril 1810, a épousé Sophie-Emma Gautreau, et est décédé le 23 juillet 1897. Est témoin de sa naissance Pierre-Paul Clémenceau, docteur en médecine, demeurant à Mouchamps, comme aïeul paternel.

Le sénateur actuel Georges-Benjamin Clémenceau est né à Mouilleron, fils de Paul-Benjamin Clémenceau et de Sophie-Emma Gautreau, s'est marié à New-York le 23 juin 1869, âgé de 27 ans, avec Mary-Eliza Plummer, divorcés le 2 mars 1892 (Tribunal de la Seine).

## Les Moutiers en 1540.

On trouve qu'au commencement de l'annés 1540 il avait existé un procès entre le clergé de Luçon et Louis de Thorigny, héritier de Nicolas Boutaud, évêque de Luçon, à raison de la fondation faite par ce prélat aux Moutiers-sur-le-Lay. Plus pacifique que Louis de Thorigny, Gui de Thorigny, héritier de celui-ci, transigea sur cette contestation en 1540.

Millon d'Illiers et J. B. Tiercelin, évêques de Luçon, habitaient encore l'un en 1549, l'autre en 1556, le château des Moutiers.

Une partie de la paroisse des Moutiers relevait néanmoins en 1540 de la « châtellenie et commanderie de Chamgillon, grand prieuré d'Aquitaine et de la Touche. Maurice. » A cette même date la châtellenie des Moutiers était séparée de la juridiction de Mareuil-sur-le-Lay.

Par acte de 1549, Millon d'Illiers, évêque de Luçon e doyen de Chartres, demeurant alors, y est-il dit, au château des Moutiers-sur-le-Lay, acheta d'Anne de Laval-douairière de La Trémouille, la terre et baronnie de Luçon qu'elle avait eue, par cession, de Louis de la Trémouille, son fils aîné. Le prix fut fixé à 8000 livres tournois pour cette propriété qui relevait directement du roi à cause de son comté de Poitou. Le fondé de pouvoirs de la Dame de la Trémouille était Gabriel de Moulèves, prieur de Grammont, près Chinon.

Le 14 septembre 1556, l'évêque, habitant le château des Moutiers, reçoit l'attestation du curé de Poiroux que les protestants font le prêche dans cette paroisse et dans une grange dépendant de la cure qui a été prise de force par le seigneur de Saint-Cyr, baron de Poiroux (évêque Tiercelin Baptiste).

## Les Protestants aux Moutiers.

« Mais ici se terminent les jours de gloire du monastère et bientôt vont commencer ses malheurs, voici ses tristes annales : Les guerres des XVI^e et XVII^e siècles sont commencées, le Bas-Poitou est en feu et les protestants pillent et s'emparent des églises » (1).

Au mois de mars 1563, les protestants s'emparent du château des Moutiers, au moyen des intelligences qu'ils avaient avec ceux qui s'y trouvaient.

« Au mois de février 1568, dit le « Mémoire pour ser-

(1) Chroniques paroissiales.

vir à l'histoire du diocèse de Luçon, » les protestants brûlèrent l'église des Moutiers-sur-le-Lay et le château où l'évêque faisait sa continuelle résidence, parce qu'il n'avait autre lieu dans son évêché bâti pour résider : dans la nuit du 7 au 8, ils retournèrent aux Moutiers, où ils rompirent toutes les portes, fenêtres et vitres du dit château, enlevèrent le plomb, mirent le feu en plusieurs endroits, firent des brèches, abattirent plusieurs murailles, et par là rendirent le château inhabitable. ».

## Le Curé du Langon aux Moutiers.

Au mois de Septembre de l'année 1568, Nicolas Moquet, obligé de fuir devant la persécution, se rendait à Nantes. Arrêté à Trizay, ancienne abbaye de la commune de Saint-Vincent-Puymaufrais, dont on voit encore des restes curieux sur les bords du Lay, il fut emmené prisonnier aux Moutiers-sur-le-Lay dont venait de s'emparer Giron de Bessay. Après qu'on eut fait endurer au malheureux prêtre toutes sortes de tortures morales pour lui arracher sa foi, lui avoir coupé le nez et les oreilles, arraché un œil, on le jeta dans la rivière, ainsi qu'un petit chien qu'il affectionnait.

« L'auteur de ces atrocités était un nommé Parent, marchand à Luçon ; il avait formé une compagnie avec laquelle il s'était emparé du château, l'avait pillé et détruit presque entièrement » (1).

## Giron de Bessay et le château des Moutiers.

Giron de Bessay, écuyer, seigneur de Bessay et de la Coutancière, fils de Jacob de Bessay et de Gillon Buor naquit vers 1525, fit les guerres d'Italie. En 1559, il

(1) Chroniques paroissiales.

épousa Renée de La Lande, dite de Machecoul, fille aînée du seigneur Jean de Machecoul de Viellevigne, son compagnon. Il embrassa le protestantisme. Il prit les armes dans la 3e guerre civile, contribua à la victoire de Luçon comme lieutenant de Puyviaud et mérita, parmi les protestants, le titre de vice-amiral de Guienne. Voici ce qu'en dit De La Fontenelle, dans son histoire des évêques de Luçon : « Des poursuites furent dirigées contre lui (parce qu'il s'était remarqué comme vexant le clergé du Bas-Poitou.) Nous allons en faire connaître la principale cause : l'Evêque Tiercelin, pour soustraire les meubles et les papiers les plus précieux de son évêché, les avait fait transporter dans le château du seigneur de la Charoulière, gentilhomme catholique, où ces objets demeurèrent jusqu'au 15 août 1570. L'édit de pacification publié à La Rochelle n'arrêta pas Giron de Bessay, qui se transporta dans la maison du Seigneur de la Charoulière, qui était absent ainsi que ceux qui pouvaient défendre ce manoir. Bessay s'y introduisit donc, maltraita Pierre Gaillard, vicaire général du diocèse, qui s'était retiré en ce domaine ainsi que ses serviteurs. Puis il s'empara des meubles et papiers de l'évêché et les fit transporter en son château de Bessay. Ensuite, ce chef protestant maltraita et rançonna plusieurs autres prêtres du diocèse, s'empara du château des Moutiers-sur-le-Lay, dont il toucha les fermages de la terre, dépouillant ainsi l'évêque de Luçon de la meilleure partie de son revenu. Sur ces excès, le roi Charles IX manda au sénéchal du Poitou d'instruire contre Giron de Bessay, mais la continuation des troubles firent que ces poursuites n'eurent guère de résultat. »

Comme représailles, une sentence du 15 janvier 1570 de Jean de la Haye, lieutenant général du sénéchal du Poitou, assigna au prieur des Moutiers les maisons des Huguenots qui avaient démoli le château et le prieuré.

Le duc de Montpensier se rendit maître de Giron de Bessay à Fontenay. Il fut emmené prisonnier à Montaigu sous la garde de Landreau. Accusé d'avoir assassiné, en 1576, un avocat de Fontenay, il fut condamné à mort et exécuté en effigie dans cette ville. Il mourut en 1592, commandant de cavalerie chargé de renforcer la garnison de Talmont. Son petit-fils, Louis de Bessay, abandonna la religion des vaincus en 1630 et fit interdire le culte réformé dans sa seigneurie, malgré les efforts de sa mère Louise Chasteigner. Cette dernière donna un fonds de 1600 livres à l'église réformée de Mareuil pour que son pasteur vint, comme du temps du dernier seigneur, prêcher à Bessay tous les 15 jours, le dimanche au soir, et donner la communion à Noël.

## Procès-verbaux des ruines de l'Eglise et prieuré des Moutiers-sur-le-Lay.

« Remonstre le prieur de Moustier sur le Loy Pierre Galland prestre que les fruicts, profits, revenuz et émoluments dudict prieuré qui consistent en dixmes, terrages et complans qui peuvent valloir par an vingt septiers de bledz et deux tonneaulx de vin ont esté levés par Jehan Jacques et Gilles Pinaut demeurans audict Moustiers l'année précédente 1568 et 1569 lesquels Pinautz ont ruyner et mis par terre les logis et prieurés desdicts Moutiers preins et anporté tous les boys, lattes et tuilles, et les pierres de taille des fenestres, qu'il vous plaise loger ledict prieur au logis desdicts Pinaulx estant cantigus le cimetière desdicts Moustiers avec le jardin houche desdicts Pinaulx estant près le dit cimetière le chemyn entre deux, qu'il soit permis audict Gaillard prieur susdict prandre tous les biens meubles et fruicts là par où ils seront et que deffance soit faicte à toutes personnes ne le troubler, ne empescher. Faict le dix-huictième jour de janvier mil cinq cent soixante et dix; ainsi signé: P. Gallard.

Et le treiziesme jour dudict moys nous nous sommes transportés ès Moustiers-sur-le-Loy suyvant nostre dicte commission, et y estant est comparu par devant nous maistre Pierre Gallard chanoyne dudict seigneur évesque et seigneur desdicts Moustiers, et son nom privé comme prieur de l'église collégialle et parochialle dudict lieu des Moustiers, lequel ès dicts noms a remonstré que à l'occasion des troubles de l'année 1568, ledict sieur évesque avait esté contrainct se absenter et quitter son dict evesché et ledict lieu desdicts Moutiers parce que les dicts rebelles et ennemys de la dict majesté avoient vers eux la force audict pays de Poictou, et en la dicte année tous les fruicts, revenuz et esmolumants de ladicte seigneurie des dicts Moutiers et ses appartenances queque soyt la plus grand part furent preins et levez par les nommez Pierre Parent, marchand, demeurant à Luçon se disant cappitaine mis et pausé par ceulx de la prétanduë religions réformée pour ledict lieu des Moustiers et aultres ses adherans et complices qui après avoir preins et emportez tous les fruicts et revenuz de ladicte année, desmoly et ruyné le chasteau, tuilles, lattes et ardoyses, et le tout a converty à son profict et disposé comme bon lui en aurait semblé, qui consiste en bled et vins, fouing et deniers, afermé le revenu de la dicte seigneurie et ses appartenances 2500 livres par ans sans y comprendre les réserves, retenues audict sieur évesque et boys de haute fustaye, de tout lequel revenu pour ladicte année ledict évesque n'aurait jouy d'aulcune chose, et pour l'année 1569 de la dicte seigneurie et revenu d'icelle a esté preins et levé par les nommés Loys Bouhier de Beaulieu sur Maroil, Nicolas Mornet dudict Maroil, chasteau greffier en l'élection de Fontenay-le-Comte et le nommé

Gandineau sergent royal demeurant audict Fontenay, et pour la vérification de tout ce que dessus, le dict nous a produit à témoing Barnabé Baron, Jehan Fabvre, Loys Deschamps et Pierre Gaubert, lesquels avons veu et faict jurer de dire la vérité, et à ceulx oys comme s'ensuyt :

— Suit la déposition des témoins que nous omettons.

Aujourd'huy, 23e jour de janvier 1570, par devant nous François Clémenceau, licencié ès loix, séneschal de Luçon, comissaire en ceste partie, commis de par Mgr maistre Jehan de la Haye conseiller de la majesté du roy nostre sire et son lieutenant général en Poictou pour veoyr, faire veoyr et visiter en nos présences les ruynes et les démolitions du chasteau des Moutiers-sur-le-Loy et maisons prieuralles du prieuré icelles faire apprécier et estimer quelle dépense serait nécessaire y estre employée pour les remettre en leur premier estat, ou pour le moings tel qu'il est nécessaire pour la demeure et habitation dudict sieur évesque et prieur respectivement que pour recueillir et resserrer les fruicts et aultres commodités, et pour ce faire s'est comparu maistre Pierre Gallard chanoyne de Luçon tout comme grand vicaire dudict sieur évesque et seigneur dudict Moustiers que comme prieur de l'église du dict lieu en sa personne, lequel pour veoyr faire lesdictes vérifications desdictes ruynes et démolitions et faire le contenu de nostre dicte commission en date du 19e de ce moys et an, signée de la Haye nous a présenté Jehan Billaud maistre masson et ouvrier en pierre de tailles demeurant à Luçon, et Anthoyne Marest aussy masson en pierre de taille massonne commune et courante, Colas Brechoucr. Loys Maret, Jacques Vinet cherpentiers, Pierre Girard et Symphorien Giraud, maréchaux, et Girard Favier menuizier demeurans ès Moustiers-sur-le-Loys lesquels avons faict faire serment de fidellemant, suyvant leurs art, de voir et visiter avec nous lesdictes ruynes et démolitions, de nous dire en vérité les despences, fraiz et mises qui seroient nécessaires et requises estre employées et faictes pour remettre ledict chasteau et maison d'icelluy en leur premier estat qu'elles estoyaient auparavant les présens troubles, et pour quel prix et pour les mettre en estat nécessaire tant pour sa demeure que pour les aultres commodités nécessaires à son estat et après qu'il nous ont faict le serment de fidèlement nous le rapporter, nous sommes transportés avec lesdicts artizans et exprès prins avec nous pour nostre adjoinct maistre Pierre Orceau procureur desdicts Moustiers en présence dudict Gallard au chasteau desdicts Moutiers et avons mis par escript lesdictes ruynes et appréciations d'icelles ainsy que lesdicts artizans et exprès nous les ont rapportées comme s'ensuit : — Suit l'exposé des ruines, et dépenses approximatives évaluées par les experts.

Véu par nous la requeste présentée par maistre Pierre Gallard prieur des Moustiers-sur-le-Loy, grand vicaire de révérend père en Dieu monsieur l'évesque de Luçon comme seigneur des Moustiers, tant en son nom que pour ledict révérend sur les plainctes et ruynes et démolitions de l'église et maisons dudict prieuré, ravissement de meubles, fruicts et aultres fins contenues par ladicte requeste, réquisition et information faicts par le séneschal dudict Luçon à cette fin récollement faict de la visitation desdictes ruynes, le tout veu et considéré avons dict et disons que les nommés Pierre Moreau marchant demeurant à Luçon, Maturin Fourestier, Gilles et Jehan Pinaulx frères demeurant au bourg des Moustiers, Jehan Guillon, René Brisson beaupère dudict, Jacques Pinault, Pierre Parant, François Cougnon maréchal dudict lieu des Moustiers, le nommé Constant demeurant à Bessay, Collas Partet, Pierre Girard, Loys Godineau, René Bareau, Brelie Greyland, A. Bournezeau, Jacques et Claude Pineaulx et

Jehan Guillons seront preins au corps ou appréhendés, pourront estre, sinon adjournez à trois briefs jours pardevant nous pour venir respondre aux demandes, fins et conclusions desdicts requérants, ensemble à celles que voudra demander à prendre contre eulx le procureur du roy, et cependant seront tous et chascun leurs biens meubles et immeubles saisis et mis en la main du roy nostre sire au régime et gouvernement et dépost d'iceulx seront establys bons et suffisans commissaires et dépositayres pour en rendre compte, et entre le tout employé scellon la voulonté du roy et a pleu à sa majesté ordonner pour edicts, et faisant droit sur le surplus de la requeste desdicts évesque, chanoynes et chapitre, dudict Gallard et aultres présentement et verballement faict par devant nous, avons à ce qu'ils puissent commandément se loger et estre par quelquefois faicts audict lieu des Moustiers, tant pour le service de vin deu par le prieur que par ledict révérend évesque pour les vacquers aux actes épiscopaulx qu'il doit et est tenu accomoder, ses négociateurs et receveurs pour accueillir et serrer ses fruicts, baillé et assigné pour demeure, pour habitation au lieu des logis ruynez, scavoyr, audict révérend évesque le logis de Gilles, Jacques et Jehan Pinault, sis au bourg des Moustiers devant la maison priorablle dudict lieu, et audict Gallard la maison desdicts Pimaulx sise près le petit cimetière, lesquelles maisons avons trouvées délaissées et habandonnées par les sieurs propriétaires d'icelles absens, pour en jouyr par lesdicts evesques et prieur chascun en son regard par provision et jusqu'à ce que plus amplement il ayt esté pourvu aux adjudications de domages et intérêts de réparations par eux requises dont avan réservé à leur faire droict les desnommez par lesdictes informations comparans, oys du d'heument contumacés ainsy qu'il appartiendra, en la possession et jouissance desquelles maisons esdicts évesques et prieur ou leurs procureurs seront mys et establys par ledict seneschal de Luçon, premier seigneur royal catholique sur ce requis, et en deffaut de royal, par ung de seigneur hault justicier premier requis estant pareillement catholique dont sera faict bon et suffisant procès verbal contenant tant l'estat desdictes maisons que ce qui sera trouvé en icelles, permis et permettons auxdicts évesque et prieur de prandre et faire prandre saisir et arrester tous et chascun des meubles et fruicts qui seront trouvés leur appartenir en quelconque maison et lieux qu'ils seront, et lesdicts évesque et prieur réintégrez en la possessions et jouissance de tous et chascuns leurs biens, terres, seigneuries et possessions desquels ils ou aulcun d'eulx auroyent esté spoliez par quelque voye ou manière que ce soyt durant et par le moyen des présens troubles soubz l'autorité de ceulx qui se seraient esleves en armes contre le service de sa dicte majesté, le tout nonobstant opposition et appellation quelzconque, sans préjudice d'icelles, auquel cas d'opposition et pour faire droict sur icelles seront les parties opposans adjournés par devant nous pour dire et alléguer en leur cause d'opposition, néantmoings cependant lesdictes saisies tenant et sauf leur faire main levée les partyes comparantes au premier appel de la cause s'y faire se doit. Donné et faict à Luçon par nous Jehan de la Haye conseiller du roy, nostre sire, lieutenant général en Poictou et commission en ceste partye, le dixneufviesme jour de janvier mil cinq cent soixante et dix. Ainsi signé : J. de la Haye.

Collation des présentes coppies a esté faicte à leurs originaux estant en papier que nous avons trouvés sains et entiers de séings que escripture par nous, notaires et tabellions royaux à Poictiers soubzcripts à la requeste de vénérable maître Pierre Gallard chanoyne dudict Luçon, le vingt et deuxiesme jour d'aougts l'an mil cinq cent soixante et dix.

Dauret notaire, N. Vergnaud notaire » (1).

Il résulte des procès-verbaux ci-dessus qu'après le départ de l'évêque Tiercelin pour Poitiers, le château des Moutiers, qui, avant l'invention du canon, pouvait être regardé comme une forteresse, fut incendié. Les dépenses des réparations nécessaires pour le relever se seraient élevés en 1570 à 70.000 livres, dont l'équivalent dépasse aujourd'hui 600.000 francs. On y renonça.

## Décharge en faveur du Sr de la Corbinière. 1588.

1588. 8 décembre. La Rochelle.

Décharge par Henri de Navarre du Sr de la Corbinière, pour poudre et boulets achetés lors du siège de Vouvant par Claude de La Trémouille. « Henry, par la grâce de Dieu, roy de Navarre, premier prince du sang, premier pair de France, gouverneur et lieutenant général pour le roy, en Guienne et Poitou, à tous qu'il appartiendra, salut. »

« Scavoir faisons que, sur la requeste à nous présentée par notre amé et féal conseiller, procureur général de nostre party, le Sr de la Corbinière, qu'au mois de févrler dernier, nostre cher et bien amé cousin le sr de la Trémoille ayant assiégé et battu de canon la ville de Vouvant et maisons fortes de la Coutandière en Poictou, qu'il auroit prince d'assault, apres avoir enduré plusieurs coups de canon, pour lesquelz coups fournir oultre les boulletz et pouldres menées de ceste ville devant la dicte ville de Vouvant ledict de la Corbinière ayant seul la charge de l'artillerie et des vivres, auroit par l'advis et commandement de nostre dict cousin, envoyé en dilligence en la présente ville, le dix neufième dudict febvrier, achapté six

(1) Dans du Tressay.

vingtz balles pour les deux grosses pièces de canon estantz audict siège, et un millier et demy de pouldre fine n'y ayant lors à canon en la dicte ville, le tout ayant etté emploié voires tiré, jusques à la dernière pièce, tellement que lorsque ledict assault fut donné il ne restoit ne pouldre, ne boulletz, fortz de deux petites pièces; et pour faire ledict achapt ledict de la Corbinière auroit prins de Me Pierre, Varenne, recepveur commis au tablier et récepte, par nous estably à l'Herbregement-Idreau audict Poictou, aussy par l'advis de notre cousin, la somme de cinq cent quatre-vingts quatre escuz de laquelle il auroit faict la promesse, dont il nous a suplié estre deschargé et que ledict Varenne en demeuse quicte.

« Veu en nostre dict conseil la dicte requeste, où estoit nostre dict cousin le sr de La Trémoille, qui a certifié le contenu en icelle estre véritable, ensemble les Srs des Bessons et Boisdulis estantz en nostre dict conseil et qui estoient aussy au dict siège et prinse de la Goutandière avons déchargé et deschargeons ledict de la Corbinière de ladicte somme de cinq cens quatre-vingtz quatre escuz par lui receuz dudict Varenne et emploiez en l'achapt desdictes pouldres et balles, vallidé et vallidons ce qui a esté par luy pour ce regard faict et négotié, sans qu'il soit tenu porter l'employ et despence par le menu tant de ladicte somme que des ditz pouldres et boulletz, ne autres descharge que ces présentes qui serviront aussy partout d'acquit vallable audict Varenne, rapportant lesquelles avecq la promesse qu'il a dudict de la Corbinière, voulons ladicte somme de cinq cens escuz estre passée et allouée en ses comptes par les auditeurs d'iceulx ausquelz est mandé de faire sans difficulté. »

« Donné à La Rochelle, le huictiesme jour de décembre mil cinq cens quatre-vingtz-huict.

Henry.

Par le roy de Navarre, premier du sang, premier pair de France.

De Lomenie. » (1)

## Situation

Les Moutiers-sur-le-Lay sont situés à 28 kilomètres de La Roche-sur-Yon. La commune fait partie du canton de Mareuil, et il en a toujours été ainsi, tandis que Ste-Pexine a été longtemps du canton de Bournezeau, et aujourd'hui de Mareuil, de l'arrondissement de la Roche-sur-Yon.

Précédemment la commune dépendait de l'arrondissement de Fontenay-le-Comte. Le 17 octobre 1819 « le Conseil est d'avis que sous les rapports du commerce et de la proximité il est infiniment avantageux que cette commune soit dépendante de l'arrondissement de Bourbon-Vendée » (2). La réunion à la Roche-sur-Yon eut lieu en 1824.

Dans les archives de la Mairie, on trouve paraphant les registres des baptêmes en 1700 : « Charles Moriceau, seigneur de la Cheusse, conseiller du roy et son sénéchal civil et criminel au siège royal et sénéchaussée de Fontenay-le-Comte en bas pays de Poitou ; » de 1738 à 1754 : « François Sabourin, écuyer seigneur de Dissay, La Charouillière, la Nicollière, Corps, Frosse et autres lieux, conseiller du roy, son présidens et sénéchal civil et criminel et premier juge au siège royal et sénéchaussée de Fontenay-le-Comte en bas pays du Poitou. En conséquence de la déclaration du roy du 9 avril 1736 de notre hôtel à Fontenay-le-Comte.

Signé : Sabourin de Diffsay. »

De 1754 à 1776, les registres sont paraphés par Henry

(1) Histoire des de La Trémoille.

(2) Archives communales.

Paul Hersaut, conseiller du roy et son lieutenant général. Cependant Sabourin de Dissay signe en 1756 et 1758.

Les communes limitrophes sont : Ste-Pexine (420 h.) Bessay (469 h.), Mareuil-sur-Lay (1871 h.), Bellenoue rattaché à Château-Guibert (1420 h.), les Pineaux-Saint-Ouën (832 h.), Saint-Ouën des Gâts rattachée à celle des Pineaux et qui, pendant la Révolution, s'appelait Ouën des Gars.

## Superficie et population.

La superficie de la commune est de 1837 ha, 70 a, 17 ca se décomposant comme suit :

| | |
|---|---|
| Terres labourables | 1229 Ha |
| Vignes | 65 |
| Prés | 199 |
| Bois | 45 |
| Jardins | 26 |
| Pâtures | 109 |
| Landes | 66 |
| Etangs et mares | 2 |
| Terres incultes | 3 |
| Propriétés bâties | 12 |
| Chemins et places | 66,0897 |
| Rivières et ruisseaux | 15,0610 |
| Eglise | 0,0500 |
| Cimetière | 0,5010 |
| Total égal | 1837,7017 |

Le plan cadastral a été terminé sur le terrain le 20 xbre 1820 sous l'administration de M. Rognat, Préfet de la Vendée, de M. Maillot, Maire de la commune, de M. Pomery, Directeur des contributions directes, et par M. Rigaux, Ingénieur vérificateur, et M. Le Tellier, géomètre de 1re classe.

« Le 19 mai 1823 Couturier Nicolas, Barraud Joseph et Chevalier René, propriétaires domiciliés dans la commune, et les sieurs Pépin Siphorien et Béteau François, propriétaires forins et attendu leur absence les sieurs Poulteau Nicolas et Gautreau François leurs fermiers et régisseurs, sont chargés du classement des fonds.

La boisselée pour les terres labourables, jardins, landes, taillis et pâtures est de 320 toises. Le journal de vignes est de 160 toises. Le Journal de pré de 300 toises » (1).

La population a augmenté jusqu'en 1896 ; depuis elle fléchit un peu. Cela tient à l'émigration de plusieurs familles dans les Charentes. Dernièrement encore deux amilles, formant une dizaine de personnes, sont parties.

Je trouve en 1775 : 26 naissances, 19 décès, 2 mariages

| | | | | | | |
|---|---|---|---|---|---|---|
| en 1789 | 22 | — | 34 | — | 5 | — |
| en l'an X | 35 | — | 35 | — | 5 | — |
| en 1810 | 23 | — | 22 | — | 5 | — |
| en 1820 | 19 | — | 40 | — | 7 | — |
| en 1830 | 25 | — | 23 | — | 7 | — |
| en 1840 | 28 | — | 14 | — | 0 | — |
| en 1850 | 33 | — | 30 | — | 7 | — |
| en 1860 | 22 | — | 20 | — | 6 | — |
| en 1870 | 28 | — | 25 | — | 9 | — |
| en 1880 | 25 | — | 21 | — | 7 | — |
| en 1890 | 17 | — | 22 | — | 9 | — |
| en 1900 | 21 | — | 19 | — | 6 | — |

En 1865 : 300 électeurs ; en 1873 : 292 ; en 1878 ; 311 ; en 1882 : 331 ; en 1886 : 323 ; en 1893 : 337 ; en 1896 : 346 : en 1898 : 338 et en 1903 ; 308.

Population : En 1836 : 919 habitats ; en 1841 : 893 ;

(1) Archives communales.

en 1846 : 857 ; en 1851 : 984 ; en 1856 : 997 ; en 1861 : 1009 ; en 1866 : 1062 ; en 1872 : 1043 ; en 1876 : 1068 ; en 1886 : 1076 ; en 1881 : 1078 ; en 1891 : 1109 ; en 1896 : 1114 ; en 1901 : 1073.

## Nature du sol.

On trouve sur la rive droite du Lay le schiste alternant avec le granit et apparaissant particulièrement dans les régions les plus basses tandis que le granit se voit surtout dans les lignes élevées. On passe du granit au schiste et du schiste au calcaire. On rencontre les quatre éléments constitutifs dans toute cette partie, mais les proportions varient d'un champ à l'autre. Le sol de la rive gauche est essentiellement calcaire. On trouve le moellon calcaire, propre à la bâtisse, à 0. m 50 de profondeur environ. Sur la route des Moutiers à Bournezeau, à une petite distance du Lay, on voit, à fleur de terre, des veines de bois bituminisés (lignite) qui conduiraient probablement à un dépôt plus abondant et plus précieux, si l'on creusait à une certaine profondeur. C'est peut-être, après Vouvant, le seul endroit qui mérite que l'on y fasse des recherches sérieuses.

On trouve également aux Moutiers-sur-le-Lay de l'argile plastique bleuâtre mêlée avec le lignite, jayet lignite.

Dans le bocage, la glaise compacte qui s'étend à une grande profondeur laisse difficilement passer les eaux.

Dans la plaine, la couche superficielle est, à la vérité, plus argileuse que dans le bocage ; mais la glaise sur laquelle elle repose n'est ni aussi compacte, ni aussi profonde : elle est appuyée elle-même sur un fond calcaire qui absorbe l'humidité ou laisse infiltrer les eaux pluviales.

Le sol de la plaine est généralement de bonne qualité

et cependant il ne produit pas plus que la terre du bocage. Il convient surtout à la culture des céréales.

## Relief du sol.

La commune des Moutiers-sur-le-Lay marque la fin du bocage, le Lay le séparant d'avec la plaine. Il y a peu de hauteurs, si ce ne sont les coteaux des bords de la rivière, au nord et au sud du bourg. Je constate 39m à la Bouillée, 43m à la Fraignaie, 42m au Cougnau, 46m à Bréduriѐre, 38m au Bois-de-l'Etang. Outre le Lay qui traverse la commune sur une longueur de 4 à 5 kilomètres et la Doulay qui la sépare des communes de Château-Guibert et des Pineaux Saint-Ouën, de petits ruisselets la sillonnent par-ci par-là, mais ils sont vides en été. Le Lay lui-même est coupé en plusieurs endroits, mais il y a des fosses que jamais homme n'a vues à sec. Le voyageur s'arrête avec plaisir près d'une ancienne demeure nommée la Corbinière pour contempler un point de vue délicieux : l'œil plonge en effet dans un vaste bassin couvert de prairies et de bosquets, au fond duquel coule le Lay : sur les versants des deux coteaux, on distingue les Moutiers, Sainte-Pexine, la Charouillère et Salidieu. Ce bassin peut avoir de 4 à 5 kilomètres de longueur.

## Climat

Ici, la température est douce, cependant le froid est plus vif dans la partie montueuse du nord et la chaleur est plus ardente dans la plaine. Passant du bocage à la plaine, on croirait véritablement voyager d'un degré de latitude à un autre. Au printemps les arbres sont fleuris ici quand aux Herbiers, par exemple, les bourgeons ne sont pas encore gonflés par la sève. Le 2 juillet 1903 nous n'avions plus de fraises à manger dans notre bourg quand mon beau-frère, du Petit-Bourg des Herbiers, commençait à peine à en cueillir. Le vent sec du Nord et le vent humide de l'Ouest sont ceux qui s'y font le plus sentir. La contrée est souvent visitée par les orages; la foudre est tombée plusieurs fois sur le clocher.

## Faune et Flore.

La faune est celle de tout le bocage — La chicorée sauvage pousse à l'état spontané dans plusieurs endroits du bocage. On trouve ailleurs les bruyères et les fougères. Dans la plaine les plantes ont à souffrir de la sécheresse. On y voit le mélampyre et l'arrête-bœuf y croître spontanément (mélampyrum pratense) et (ononis procurrens) On y aperçoit encore l'euphorbe réveille-matin (euphorbia hélioscopia), le vélar ou herbe aux chantres (Erysimum alliaria), l'épervière (filago germanica), l'aunée dyssentérique (inuladyssentérica), le géranium sanguin (géranium sanguineum), la stragalle à feuilles de réglisse (astragalus glycyphyllas), l'orobe noir (orobus niger), l'hélianthème vulgaire (hélianthemum vulgare), l'osmonde royale (osmonda regalis), l'iris germanique (iris germanica), la clématite (clématis vitalba), la coronille (coronilla emerus), la sauge des prés (salvia pratensis), le trèfle rouge (trefolium rubens), la passerage des prés (lèpidium campestre). Enfin la flore de Lloyd mentionne dans les environs : cerastium brachypetalum, althœa cannabina, hypericum montanum, potentilla verna, chrysosplenium oppositifolium, orchis pyramidalis, linaria ochroleuca, convolvulus suaveolens.

## Lecture. I. — La charité.

Je me dis : « Tu es tranquille et au chaud dans ta maimaison avec ton chien et tes chevreaux. Il y a pour toi du pain sur la planche, il y a de l'herbe dans la montagne ou dans le râtelier pour eux ; ton toit, quoiqu'il soit de genêt, est bien réparé contre la pluie et la neige.

Tu n'as pas de souci pour ta femme et pour tes enfants ; mais voilà un tel qui a son plafond écroulé, et les berceaux de ses enfants exposés à tous les vents ; voilà cette pauvre veuve dont la maison a brûlé la semaine passée, et qui n'a pas un liard pour se rebâtir un abri ; voilà ce vieillard qui n'a plus un fils pour lui piocher son morceau de terre ; voilà ces trois orphelins qui n'ont ni père ni mère pour leur moissonner leur seigle ou pour battre leur châtaignier. Que vont-ils faire dans la mauvaise saison qui s'avance ? Qu'est-ce qui ira à leur secours pour l'amour de Dieu ? Allons, c'est moi.

Le peu que je puis pour eux leur soulagera le cœur ; ils auront moins de chagrin dans la maison ; ils dormiront cette nuit ; ils mangeront ce soir ; ils coucheront à l'abri avant l'hiver. »

Le soir, je pourrai dire : j'ai gagné ma journée.

LAMARTINE.

### II. — LE MATIN A LA CAMPAGNE

Le matin toute la nature
Vocalise, fredonne, rit.
Je songe. L'aube est si pure
Et les oiseaux ont tant d'esprit.
Tout chante : geai, pinson, linote,
Bouvreuil, alouette au zénith
Et la source ajoute sa note
Et le vent parle et Dieu bénit.

V. HUGO.

## Le chef-lieu.

Le bourg s'étend sur la rive gauche du Lay que l'on franchit sur deux jolis ponts, dont l'un métallique, édifié en 1873 sous la direction de Monsieur l'Agent-Voyer en chef Prévoteau et l'autre construit selon toute probabilité à la suite des guerres de la Révolution et de l'Empire, c'est-à-dire entre 1815 et 1830. Les maisons, anciennes pour la plupart, sont très agglomérées. C'est une localité actuellement sans importance et sans commerce qui possède cependant une sage-femme, un docteur-médecin n'exerçant plus et un notaire. Il compte 251 habitants.

### Noms anciens d'après les chartes :

De Monastério supra Ledum.
De Monstériis (Manuscrit de D. Fonteneau).
De Monastériis super Ledum (Synode de 1606).

### Le Pont des Moutiers-sur-le-Lay en 1624.

« La marche providentielle des événements, telle que l'a révélée Bossuet dans son histoire naturelle, trouve des arguments aussi bien dans les détails que dans les grandes lignes de l'histoire.

Les Mérovingiens avaient été assez peu reconnaissants envers l'église du baptême de Reims et du « royaume fait par les évêques ». Ils l'avaient rançonnée sans merci, et, à l'avènement des Capétiens, la plupart des bénéfices ecclésiastiques, les dîmes comme le reste, étaient usurpés par des chefs militaires dont la rapacité menaçait la France d'une oligarchie sans mesure et sans pitié.

Les invasions des Normands vinrent au secours des gens d'église. Les seigneurs féodaux, incapables de mettre en valeur des terres incultes, n'enviaient que des biens en plein rapport. En ravageant tout autour d'eux, les hommes du Nord préparèrent de nouvelles besognes aux moines colonisateurs par vocation et par état, et dépouillèrent le seigneur laïc, que l'approche de l'an mille vint encore frapper concurremment du remords salutaire des restitutions. En fin de compte, on doit aux Normands, dans notre pays du moins, la forte et alors bienfaisante théocratie du moyen-âge

C'est après leur défaite et leur départ, au IXe siècle, qu'il faut placer la réoccupation empressée par les moines des régions dévastées à fond par plusieurs invasions. Pour prendre possession du sol redevenu sans maître, les abbayes qui se repeuplèrent vite, essaimèrent çà et là, et envoyèrent leurs moines fonder des prieurés, noyaux des villages et des bourgs d'aujourd'hui. L'origine des Moutiers-sur-le-Lay est moins douteuse qu'aucune autre ; son nom vient du « moutier » ou petit monastère, qu'y installèrent vraisemblablement, dès le Xe siècle, quelques membres du troupeau bénédictin de Luçon. Les abbés y construisirent de bonne heure un château-fort, qui y sauvegarda leur puissance temporelle, et qui valut aux évêques, leurs successeurs, de fréquents et violents démêlés avec d'autres seigneurs temporels de Luçon, notamment avec les La Trémouille.

Comme on va le voir plus loin, une ancienne route commerciale passait le Lay sur un pont à cet endroit même. Les Bénédictins avaient trouvé là une raison très pratique de s'y établir, et l'importance politique et stratégique des Moutiers au moyen-âge est suffisamment affirmée par le nombre de sièges et d'assauts que le château eut à soutenir même pendant les guerres de religion et pendant la Ligue.

Sans vouloir comparer les sectaires de Calvin, ni les partisans des Guises aux pirates normands, la guerre civile fit beaucoup de mal aux Moutiers. En septembre 1568, par exemple, le château fut pris et pillé par un certain Parent, marchand à Luçon, huguenot enragé, qui se disait évêque de Luçon, et qui y fit souffrir le plus cruel martyre à Nicolas Moquet, ancien curé du Langon, qui refusa de renier sa foi (1).

Les injures du temps aggravèrent celles des hommes, et en janvier 1624, trois mois avant que Richelieu se démît de son évêché de Luçon en faveur d'Aimery de Bragelonne, une forte crue du Lay fit crouler dans la rivière une partie du vieux pont des Moutiers. Le dossier de cet accident est conservé aux Archives départementales de la Vienne sous la cote C. 571.

Cet ancien pont avait fait des Moutiers un point de transit, une étape de la route commerciale de la Bretagne dans le midi de la France ; le pays lui devait une prospérité relative et le maintien en son état de viabilité intéressait avant tout autre l'évêque de Luçon, qui était le seigneur du lieu.

Bien qu'on puisse faire remonter l'institution officielle des Ponts et Chaussées à l'ordonnance royale du 20 juillet 1315, dite charte aux Normands, ce service n'avait rien alors de préventif et consistait simplement à pourvoir après coup aux réparations indispensables ; tant qu'un pont tenait debout, il était présumé en bon état.

Après la crue dévastatrice de janvier 1624, l'évêque de Luçon chercha à qui incombait la réparation, et, comme il ne faisait pas payer de péage, il en conclut qu'il n'avait pas la dépense à sa charge, et il fit adresser au roi, en la personne de ses lieutenants de voirie à Poitiers, la requête qui suit :

« A messieurs les trésoriers généraux de France en la généralité de Poitiers, et lieutenants de Monsieur le duc de Sully, pair et grand voier de France. »

« Le sieur évesque de Luçon vous remontre que le pont des Moutiers-sur-le-Lay, membre dépendant du dit évêché,

(1) Déja écrit, V. avant.

élection de Fontenay, sur la rivière du Lay portant bateau de 20 à 25 tonneaux une lieue au-dessous du dit lieu des Moutiers, passage ordinaire pour trafiquer de la Bretagne à Bordeaux, Saintes, La Rochelle, Marans, Fontenay, Niort, Luçon et autres villes, las de longtemps quoy que soit partie d'iceluy pont aurait été ruyné et emporté par l'inondation des eaux, en sorte qu'à présent il est de tout impossible aux marchands et autres de pouvoir passer la dite rivière, qui n'est guéable soit à pied, soit à cheval ; au moyen de quoi le public reçoit un notable dommage de la ruyne finale du dit pont qui leur interdit tout trafic et commodité. Ce considéré, attendu, messieurs, que le suppliant ni ses prédécesseurs n'ont jamais pris, ni levé aucuns droits de péage ni billette sur les marchandises passant sur ledit pont des Moutiers, il vous plaise ordonner que, des deniers que sa majesté emploie ordinairement pour l'entretien des ponts et chaussées du Poitou, il sera employé la somme de 12.000 livres pour la réfection du dit pont des Moutiers-sur-le-Lay, et vous ferez justice.

Barbier, procureur du dit sieur évesque. »

Sans préjuger la question de responsabilité pécuniaire, les trésoriers généraux de France, siégeant à Poitiers, ordonnèrent une enquête sur place, et déléguèrent à cet effet, Pierre, François, sieur du Temps, conseiller du roi, et l'un de ses élus de l'élection de Fontenay-le-Comte, accompagné de Lancelot Cailler, procureur du roi en la dite élection, assistés de Simon Chauvière, commis ou greffier à Fontenay. Ces messieurs procédèrent à la visite les 19 et 20 août 1624, et choisirent comme experts François Chauvin et Etienne Gendron, maîtres maçons à Luçon, et Nicolas Romain, maître charpentier à Luçon, lesquels prêtèrent serment de « bien faire rapporter l'estat du pont en ce qu'ils estimeront en leurs consciences être nécessaire pour le remettre en bon et dû estat. »

Le pont mesuré donna « sept vingt dix toises de six pieds de long et seize pieds de large. On compte quinze arceaux ou arcades » d'inégale longueur pour l'écoulement des eaux ; l'une d'elles portait un pont de bois dormant « afin de le pouvoir retirer et empêcher le passage. »

L'éperon et les voûtes des arcades étaient « entièrement fondues et ruynées » les experts constatèrent « la forme ancienne de la construction du dit pont » sans donner malheureusement plus de précision à leur remarque.

Ils jugèrent que tout était à refaire ; le pont tombait en ruines depuis trois ans « au grand préjudice du roy et des habitants, qui ne peuvent plus payer les tailles et qui seront contraints d'abandonner leur paroisse et de la laisser déserte, s'il n'est pourvu promptement à la réfection, aux fins que le trafic et commerce soit libre comme auparavant. »

Les habitants des Moutiers apprirent aux experts que les dégâts avaient commencé dès les débuts de la Ligue ; à cette époque quelques arches du pont avaient été rompues par ordre du gouvernement de la province de Poitou, pour empêcher les courses des Ligueurs concentrés en Bretagne. On avait fait de même, il y avait quelques années pour empêcher les soldats de l'armée, que Soubise avait levée contre Marie de Médicis, de repasser la rivière et faire des entreprises contre les villes et places qui étaient au delà.

Tout était à refaire à neuf, arcades et piliers, d'autant que les eaux, quand elles débordaient, dépassaient le tablier du pont de plus de deux pieds ; il fallait dont le surélever de deux pieds et demi.

Pour les deux jours d'expertise, chaque expert reçut 30 sols ; François Du Temps émargea 14 livres 16 sols ; et Cailler 12 livres 16 sols, aux frais de l'évêque.

La contribution financière de Mgr Aimery de Bragelonne se borna vraisemblablement aux 30 livres 12 sols de cette opération préliminaire; l'absence d'autres pièces dans le dossier resté à Poitiers indique que l'affaire fut évoquée à Paris et que le roi prit à sa charge et sous sa direction la reconstruction du pont des Moutiers-sur-le-Lay » (1).

## Le château des Moutiers sous Louis XIII.

Richelieu ordonna la destruction de toutes les forteresses du Bas-Poitou, afin d'ôter aux protestants tout espoir de retraite et toute idée de révolte. Le château-fort des Moutiers, demeure préférée des évêques de Luçon, subit le même sort. Ce sera maintenant un simple prieuré. Il est tout probable que l'évêque et son personnel ne l'habitèrent plus de cette époque; ils choisirent alors la maison vendue plus tard sous le nom de Maison de la Matrice.

## Le prieuré sous Louis XIV.

Monsieur Dugast-Matifeux, dans son état du Poitou sous Louis XIV, mentionne les Moutiers-sur-le-Lay dans l'élection de Fontenay-le-Comte, avec 140 feux.

Le prieuré est indiqué avec valant 1100 livres.

Pouillé d'Alliot en 1648 :

Cure des Moutiers-sur-le-Lay; l'évêque nomme. Prieuré; il est de la mense du chapitre de Luçon qui confère.

Pouillé de Dom Fonteneau, au XVIII^e siècle. Cure de Saint-Pierre-des-Moutiers-sur-le-Lay; monseigneur nomme; 500 livres, 550 communiants; 150 livres, 2 messes. Prieuré des Moutiers : Mgr, 150 livres, 120 livres; 1 messe : on croit qu'il exige résidence. Chapelle de la Roguerie; Mgr, 150 livres, 120 livres, 1 messe.

(1) E. Bourloton.

Chapelle de la Faisandière ; M. de la Tribouille, 150 livres, 1 messe.

Chapelle des Arguias, le Seigneur du lieu, 100 livres, 2 messes.

Fabrique : 80 livres.

## Les hameaux.

Les hameaux sont nombreux ; quelques-uns ont des noms qui ne figurent pas au plan cadastral : La Bouillée (ferme), Le Poteau (ferme), Le Cougnau (maison), Beauséjour (maison), Pâtis-Rouleau (ferme) ; en échange quelques noms ont disparu : la Brosse, la Pinaudière, la Bussardière ; et enfin la ferme de Bois-Morice a été reconstruite sur le territoire de Bessay, à 50 mètres des anciens bâtiments. Les plus populeux sont : le Pû, 174 habitants, sur une hauteur qui domine la vallée du Lay ; de ce lieu et face au sud-est on jouit d'un coup d'œil ravissant ; la Lande, 160 habitants, sur la rive Gauche du Lay, au milieu des terres calcaires.

## La Mothe-Orson.

Sur une porte de cette ancienne seigneurie, on lit encore la date de 1567. Le 4 juillet 1605, Nicolas de Rivecourt était seigneur de la Mothe-Orson. Le 23 mars 1632, c'était Jean de Rivecourt.

« Aveu de la Motte rendu à la baronnie de la Lande par Antoine de Rivecourt, seigneur de la Motte-Orson et du Bois-Baudry par lequel il déclare tenir à foy et à hommage plain à droit de rachapt et à cheval de service quand ce cas y advient. Comme aussi tient et avoue tenir noblement de vous au dit nous à cause de votre dite baronnie de la Lande par autre fois être hommage plain et à droit de rachapte et cheval de service quand le cas y advient du côté des dits seigneurs de Rivecourt héritiers du sieur Antoine de Rivecourt vivant chevallier de la Motte-Orson et de Bois-Baudry » (1).

Nicolas de Rivecourt signe escuyer le 13 mars 1583 ; en 1574 il était époux de Gabrielle Torneur (2).

Papier censaire incomplet provenant de la Motte-Orson ; Répertoire du présent terrier de la Motte-Orson.

. . . . . . . . . . . . . . . . . . . . .

« Plus la confrairie du Saint-Esprit ou les héritiers au biens tenants de Guilbaud de la Lande quatre deniers de cens au dit terme dûs sur une boisselée de terre tenant.

Puis l'église des Moustiers ou fabrice du dit lieu quatre deniers de cens dûs au dit terme sur deux pièces de terre contenant une boisselée ou environ tenant. . . . .

Plus l'église et fabrice des dits Moutiers huit deniers de cens au dit terme sur une pièce de terre appelée les défants contenant deux boisselées, tenant. . . . . . . . .

Plus la confrairie du Saint-Esprit de Sergnie en l'église des Moutiers, huit deniers de cens sur deux boisselées de terre ou environ tenant. . . . . . . . . . .
que je tiens à présent à mon domaine. Fait vers 1670 (3).

A cette époque, la fabrique était donc censitaire du seigneur de la Mothe-Orson.

Cette maison rappelle un des épisodes les plus douloureux des Dragonnades, en Bas-Poitou. « François de Ramsay, seigneur de Claveau, habitait alors Mouchamps. Il abjura mais son abjuration n'inspira pas une grande confiance, car le 8 juin 1687, il se vit enlever à la Mothe-Orson, où il s'était retiré, — après son second mariage avec Madeleine Voyer, veuve d'Antoine de Rivecourt qu'il

(1) Vieux papier de la famille Nassivet.
(2) id.
(3) Vieux papiers de la famille Nassivet.

venait d'épouser le 7 février 1687, — ses enfants et ceux de sa seconde femme, les jeunes de Rivecourt, que des archers envoyés exprès de Fontenay, emmenèrent d'abord en cette ville, et ensuite, en septembre, au collège des Jésuites de Puygarreau, à Poitiers, d'où on ne pouvait les retirer sans l'ordre de l'intendant de la province. Les archers conduisirent ensuite Mlle Eléonore de Rivecourt au couvent des Nouvelles-Catholiques de Luçon, où elle resta jusqu'au 3 février 1693. Ces voyages forcés se faisaient aux frais des familles, ainsi que nous le voyons par un rapport et un reçu des archers.

« Ledict jour 28 août 1688, nous François Guesdon et Jean Biron, archers en la maréchaussée de Fontenay, en conséquance de l'ordre de Monseigneur l'Intendant à nous donné par M. nostre capitayne aurions faict monter à cheval sur les sept heures du matin les enfants du sieur de Ramsay, ceux des sieurs d'Archiays et de Châteauneuf, pour iceux mener en la ville de Poictiers au couvant des heureux pères Jésuites, ainsy qu'il est porté par l'ordre de Monseigneur l'Intendant, et serions venus coucher en la ville de Saint-Maisent et le lendemain 29 party dudict lieu pour arriver audict Poictiers, ledict jour aurions mis au couvant entre les mains du révéreud père recteur les 4 enfants que nous aurions nourrys eux et leurs chevaux de louage, et pour ce employé tant allant que venant et séjournant cinq journées entières. »

« Taxé 73 livres 11 sols tant pour la despanse faicte par les dénommez que pour les sallayres des archers, au payement de laquelle les pères et mères seront contrainctz chascuns pour ce quy les concerne par les voys ordinayres. » Signé Foucaud.

Et pour Mlle de Rivecourt :

« Je soubzsigné reconnois avoir reçu de M. Ramsay la somme de dix livres 10 sols pour la conduite de Mademoiselle de Rivecourt de la maison de la Bonnelière, commune de Saint-Michel-Mont-Mercure, à Luçon, au couvent de la propagation, par ordre de M. Sabourin, subdélégué de M. l'Intendant... Faict à Maroeil ce 13 janvier 1689. — Puychaud. »

« Pendant ces persécutions, la famille Voyer vivait silencieuse et retirée à la Bonnelière. Elle se composait alors de Samuel Voyer, père de Madame de Ramsay, de son fils Daniel Voyer, avec sa fille Louise-Céleste, de Charles Dabillon, seigneur de Portneuf et des demoiselles Marie-Suzanne et Charlotte-Catherine Dabillon, petit-fils et petites-filles de Samuel par leur mère Suzanne Voyer. Cet intérieur fut modifié par la sortie des enfants Ramsay et de Rivecourt du collège de Poitiers, et par le mariage de l'un d'eux, Jean de Ramsay, avec la fille de sa belle-mère Eléonore de Rivecourt, sortie du couvent de Luçon en 1693.

Jean de Ramsay, sa femme et les 2 Rivecourt passèrent en Hollande. Une Louise de Rivecourt s'était réfugiée à Utrecht dès 1687.

Les autres réfugiés à la Bonnelière passèrent en Angleterre » (1).

M. et Mme des Minières s'étaient réfugiés en Angleterre en 1718-1720.

Henri de Ramsay prenait les titres de chevalier, seigneur de Claveau, de la Justice, terre et seigneurie de Saint-Valérien, Beauregard, Benestière, Chauvelière, la Vergne-Belair, la Bonnelière, la Mothe-Orson, de la terre de Saint-Paul-en Pareds, et tirait honneur d'être l'un des messagers jurés de l'univerité de Paris (1742-1752). Il avait épousé sa cousine-Germaine Suzanne-Esther Dauzy

(1) Annuaire de la Société d'émulation.

de Saint-Romant qui lui apporta la Bonnelière. Il est mort vers 1780 à Claveau.

Une immense cour, des bâtiments agricoles, des murailles tapissées de lierre, une vaste enceinte de murs, un puits, des cheminées branlantes, de grandes salles nues tombant de vétusté, où l'aragnée file sa toile, une prison de 6 mètres carrés environ, voilà ce qui reste de la maison noble de la Mothe-Orson qui devait faire mener à la procession, le jour de la Pentecôte, un cheval sellé et bridé.

Le chevalier de Gentet était seigneur de la Mothe-Orson, de 1780 à 1792, d'après quittance délivrée au sieur Nassivet, son fermier, possédée par François Nassivet, propriétaire à Launay. Il signe parfois le chevalier Gentet du Plessy.

En 1790, les dames religieuses de Luçon achetaient à la Mothe-Orson cinq cordes de bûches rendues à Luçon pour 108 frs.

Pierre Dibot et sa femme entrent comme domestiques à la Mothe-Orson en 1791 et gagnent 60 francs de la Saint-Michel à la Saint-Jean.

## Vente de la Mothe-Orson.

« Du 12 fructidor, an IV.

Nous, administrateurs du département de la Vendée, pour et au nom de la République Française, et en vertu de la loi du 28 ventôse dernier, en présence et du consentement du Commissaire du Directoire exécutif, avons par ces présentes vendu et délaissé dès maintenant et pour toujours à la citoyenne Marie Suzanne Chambelland, veuve de Auguste Gentet, demeurant à Fontenay-le-Peuple :

La maison et métairie de la Mothe-Orson, commune

des Moutiers-sur-le-Lay, ensemble la borderie du bois Landan du village de la Lande, même commune, consistant en bâtiments pour loger et les fermiers et colons, grange, écuries, toit, greniers, servitudes, jardins, prés, terres labourables et pâtis, et généralement tout ce qui compose le dit domaine sans aucune réserve. Les dits biens dépendant de Gourjeault fils émigré, demeurant avant son émigration à Poitiers, pour la propriété nue seulement, la dite citoyenne Chambelland, veuve Gentet ayant droit d'en jouir viagèrement suivant son contrat de mariage du 31 janvier 1774 avec Henry de Ramsay son premier mari et ayeul du dit Gourjeault fils.

Ce dit Gourjeault fils émigré inscrit sur le premier supplément de la liste générale à la date du... et dont la confiscation et la vente de ces biens sont ordonnées par la loi des 8 avril 1792 et 25 juillet 1793.

Les sus-dits biens exploités par Nassivet en 1790. Cette vente est faite pour 21.291 livres treize sous.

Fait en administration départementale à Fontenay-le-Peuple, les jour et an que dessus, du sus-dit bien attendu l'usufruit dont il est grevé en faveur de la nommée citoyenne veuve Gentet âgée de 46 ans suivant son acte de naissance qu'elle nous a représenté du 14 août 1750 pour la dite évaluation.

Signé : Maignen, Dillon, Pervinquier, une signature illisible » (1).

La matrice cadastrale porte la Mothe-Orson, en 1820, à Madame Gentet veuve à Fontenay ; en 1834, à Monsieur Vinet, propriétaire à Mouzeuil ; en 1843 à Monsieur Ramier, propriétaire à Coulonges ; et depuis 1871 à Monsieur Sablereau, Eugène, à Luçon.

(1) Archives départementales.

## Beauchêne

Le 1er mai 1661 René Degranges, chevalier, seigneur de Puy-Guyon et Françoise Barillon sont parrain et marraine aux Moutiers de Louis-Alexandre et de Suzanne Cantineau, fils et fille de René Cantineau, écuyer, sieur de la Huictière et de Louise Barillon.

Le 6 juin 1666 François de Granges, chevalier, sieur de Beauchesne et Elisabeth Clémenceau, dame de Salidieu sont parrain et marraine de François, fils des mêmes.

En 1678 René Cantineau, écuyer, sieur de la Huictière est indiqué comme père et loyal administrateur de Louis Cantineau écuyer, son fils et de défunte dame Louise Barillon, son épouse, à présent seigneur de Beau Chesne de la Lande.

Beauchêne passe ensuite à la famille Rousseau de Beauchêne. Cette famille portait : D'argent à la bonde de gueules, accompagnée de six roseaux en pal de sable posées en orle, trois en chef, trois en pointe.

En 1702, Marie-Anne Tinguy était dame de Beauchêne (Isle de Beauchêne) : D'argent à trois roses de gueules 2 et 1.

René de Granges était seigneur de Beauchêne. Cette famille porte : De gueules fretté de vair de six pièces. La branche cadette brisait d'un chef d'or chargé d'un lambel à trois pendants de sable.

Le 10 septembre 1702, je trouve : a été baptisé :... fils de Etienne Fonteneau et de Jacquette Thomas. Le parrain a été Pierre Aulneau sieur de la Touche et la marraine dame Marie Céleste Tinguy, dame de la Roussière.

Cette dernière était parente de Marie-Anne Tinguy nommée plus haut.

Le 12 juin 1730, décès de Clotilde Cantineau, épouse de François Garnier écuyer, sieur de la Sicaudière, décédée en sa maison de Beauchêne.

Dans un acte trouvé chez Monsieur Cunaud, propriétaire au Pû et dressé le 10 avril 1790 par Messieurs Rivalland et Massé notaires, figure un Monsieur de Morthon, seigneur de Beau Chesne.

Beauchêne touche la Lande et je n'y vois aucune trace de l'ancienne seigneurie.

## La Lande et Paluya, ou Palias.

Maurice de Belleville avait épousé Létice de Parthenay, dame de Paluya et de la Lande, père et mère de Jeanne de Belleville, laquelle était veuve d'Olivier de Clisson; elle vivait le 30 mai 1349.

Elle portait gironné de vair et de gueules de dix pièces.

Ce fut la propriété des Leroux, seigneur de Livrenière, dont une femme Marie Charlotte de Châteaubriant fut le 25 octobre 1673 inhumée dans l'église des Moutiers. Elle était de son vivant épouse de Victor Leroux et était décédée le 24.

Le 12 janvier 1658, baptême aux Moutiers de Anne, fille de Victor Leroux et Marie Barbier, sieur et dame de la Livrenière. Parrain et marraine : Louis Buor, sieur de la Voy, et Antoinette Arrenaudeau, dame de la Guérinière.

Le 4 septembre 1666, Victor Leroux, chevalier, seigneur de la Livrenière, a été parrain de Suzanne, fille de René de Béchillon; la marraine était Suzanne de Mallenoé.

Le 29 juin 1667, est né: Louis, fils de Victor Leroux, chevalier, seigneur de la Livrenière, et Elisabeth Robineau. Même parrain que sa sœur Anne ; marraine : Isabelle de Fenieu, dame de la Renollière, grand'mère du petit enfant.

Bodin Abraham, seigneur de Saint-Bris, épousa demoiselle Marie Piniot le 19 décembre 1686. Ce Bodin faisait partie de la première division, de la 4e brigade, de l'escadron du chevalier de la Salle. Cette famille est la même que celle du Coteau de Bessay : porte d'azur à neuf besants d'or, mis 4 à 4 en pal sur chaque flanc de l'écu et un peu en pointe.

Le 6 juin 1741, mariage aux Moutiers de François Bodin, notaire de Bessay, veuf, avec demoiselle Hélène Garnier.

En 1758, je trouve un N. Bodin, seigneur de Saint-Bris.

Le 19 janvier 1770, Maître Pierre Doillard de la Roussière, chirurgien juré de la paroisse de Bournezeau, a épousé Louise-Hélène Bodin de cette paroisse, fille majeure de défunt François Bodin, notaire, et de défunte Hélène Garnier.

Le 18 mars 1774 est décédé dans la communion de l'église Pierre Doillard de la Roussière, chirurgien juré, son corps a été enterré le lendemain dans le grand cimetière de ce lieu en présence de messire André François Bodin, prêtre, vicaire de la Réorthe, son beau-frère, et d'Hyppolite Rivalland.

En 1777, Jacques Gabriel Louis Le Clerc était baron de la Lande.

Le 15 janvier 1788, mariage du sieur Jean Pallardy, fils mineur du sieur Pierre Pallardy, receveur des domaines du roi, et de dame Marie Denis avec demoiselle Thérèse-Hélène Doillard de la Roussière, fille de feu sieur Pierre Doillard de la Roussière, chirurgien juré, et de demoiselle Louise-Hélène Bodin. Ont signé en plus des époux : Vexiau des Giraudières, De Lamilletière, De Marcilly.

## Vente de la métairie de Palias

« Le 2 thermidor, an IV.

Nous, administrateurs du département de la Vendée,

pour et au nom de la République Française, et en vertu de la loi du 28 ventôse dernier, en présence et du consentement du Commissaire du Directoire exécutif, avons par ces présentes vendu et délaissé dès maintenant et pour toujours au citoyen Jean Thiré, cultivateur, demeurant aux Moutiers-sur-le-Lay : Une métairie appelée Palias, sise en la commune des Moutiers-sur-le-Lay, consistant en bâtiments servant au logement du métayer, grange, les toits à bestiaux, jardin et emplacement d'un four cidevant banal, le tout contenant environ cinq boisselées de terres... 22 journaux de prés et pâtis, cent vingt boisselées de terres labourables dépendant de la dite métairie, sises dans la dite commune et dans celle de Bessay.

Les dits biens proviennent de Hectère Guigné, émigré, inscrit au premier supplément de la liste générale, sous la date du 4 octobre 1793, et dont la confiscation et la vente sont prononcées et ordonnées par les lois du 8 août 1792 et 25 juillet 1793 et actuellement exploitées par l'acquéreur.

Cette vente est faite pour 24.285 fr. 90. Signé : Jean Thiré, Chaigneau, Maignen, Pervinquier, Dillon et deux illisibles » (1).

Palias appartient tout entier à la famille Guigné et on n'y trouve plus de trace des anciennes demeures.

A la Lande, il existe une très vieille maison avec un mmense colombier et une tonnelle en cul de lampe mouuré. D'après certains, cette maison aurait servi d'imprimerie à Jean Clémenceau.

## La Touche

Le 11 avril 1671, maître Jehan Aulneau de la Touche est parrain de Jehan Seguin ; la marraine est Elisabeth Clémenceau, dame de Salidieu.

(1) Archives départementales.

Le 9 novembre 1677, Françoise Aulneau épouse maître Mathurin Drouet de la paroisse de Saint-André-sur-Mareuil.

Le 10 septembre 1702, Pierre Aulneau était sieur de la Touche et paraît être allié à Marie-Céleste Tinguy, dame de la Roussière. Le 11 mai 1690, je trouve « hault et puissant messire Philippe-Auguste Tinguy, chevalier, seigneur de Launay Gerondais et autres lieux » (1).

Launay est sur Saint-Pexine, mais à 1 km 500 de la Touche et des Moutiers-sur-le-Lay.

Le 3 juillet 1706, a été baptisée Jeanne-Thérèse, fille de noble homme Pierre Aulneau, sieur de la Touche et de demoiselle Anne Degrange. Le parrain a été M. Jean Degrange et la marraine demoiselle Madeleine de Challet.

Dans cette année 1706, les noms de noble homme de la Touche, de messire Charles-Auguste Royrand de Launay et de Madeleine de Challet reviennent souvent.

Le 24 juillet 1722 « hault et puissant Charles Henry Grimoir escuyer sieur de la Touche, et haulte et puissante damoiselle Anne Thévenin de la Couffardière » (2) sont parrain et marraine de Charles Nicolas Cohon.

Le 14 juillet 1727, demoiselle Louise-Aulneau de la Touche épouse Jacques Debien, sieur de la Sicaudière, de la paroisse de Péault.

La Touche compte aujourd'hui deux métairies ; l'une appartient encore à la famille Aulneau et l'autre à M. Léon Fortin des Moutiers-sur-le-Lay.

Un descendant du sieur de la Touche, M. Aulneau est conseiller Général du canton de La Châtaigneraie.

(1) Papiers Nassivet.

(2) Archives communales.

## L'Oucherie.

Le 15 avril 1661, baptême de Marie, fils de maître François Aulneau, chirurgien, et de Françoise Rousseau. Le 14 octobre 1766, Marie-Anne-Jeanne-Thérèse Aulneau de l'Oucherie, fille majeure de Jean-Baptiste Aulneau et de Thérèse-Judith Esgonnière se marie à Jean-Pierre Loyau, sieur de l'Audjouière, avocat en parlement, de la paroisse de Bournezeau, fils majeur de feu Jean Loyau, notaire et procureur à Mareuil, et de Marie-Anne Bordier.

Aujourd'hui encore la famille Aulneau est propriétaire à l'Oucherie par M. Gauvrit des Moutiers-sur-le-Lay.

Le même jour que ci-dessus une autre fille des Aulneau-Esgonnière, Marie-Henriette Aulneau de l'Isle, fille majeure, convolait avec Pierre-Marie Gennet de Belair, aussi avocat en parlement, sénéchal de la Rabatelière, fils majeur de Pierre Gennet, sénéchal de Saint-Georges, et de Marguerite-Jeanne Gouraud, de la dite paroisse de Saint-Georges-de-Montaigu.

## La Corbinière.

Cette ancienne terre seigneuriale appartenait, en 1589, à la famille de Bréchard, par alliance à la famille Leroux. Louis de Béjarry ayant épousé demoiselle Lydie Leroux en était seigneur en 1644. Paul Gourdeau, écuyer, seigneur deLongèves, de la paroisse de Longèves, épouse, le 11 mai 1669, demoiselle Marie Leroux. De Louis de Béjarry cette terre était retournée à la famille Leroux qui la possédait encore en 1673.

La famille Leroux portait : D'azur au lion d'or armé, lampassé et couronné de gueules.

Le 16 août 1672, je trouve un m^re^ Victor Le Roux, chevalier, seigneur de Siurenière, un maître Estienne Rousseau s^r^ de la Jaunière, notaire de Bessay, un Jacques Girard, sacristain du dit Moutiers et un Etienne Gresseau témoins du mariage de messire Elie Buor, chevalier, seigneur de Villeneuve, de la paroisse de La Claye, avec demoiselle Félicité de Barbade, fille de feu Henry de Barbade, seigneur de Chaslener, et de feue dame Anna Regina Aude.

Le 3 juillet 1673, le même Victor Le Roux est porté chevalier, seigneur de la Siurenière, Corbinière et Pinaudière et est témoin du mariage d'André Gueffier et de Marguerite Bobir, servante domestique de Madame de la Siurenière à la Corbinière de cette paroisse.

En 1681 et 1698, Pierre Leroux était seigneur de la Corbinière, la Thibaudière. René Victor Le Roux de la Corbinière avait épousé Marguerite-Charlotte-Jacquette-Jeanne Robineau. En 1763, François Gourdeau en était seigneur par sa femme Lydie Leroux.

Le 30 avril 1733 a été enterré à Poiroux « hault et puissant seigneur messire Pierre Le Roux, seigneur de la Corbinière, âgé de 81 ans ».

Le 8 mars 1734, à Poiroux, mariage de messire Joseph Henri Gourdeau, chevalier, seigneur de Boisroc avec demoiselle Lydie Leroux.

Cette ancienne maison, assez bien conservée, repose sur deux caves curieuses ; les bâtiments de l'aile droite portent des traces de l'incendie qu'elle subit en 1793. Elle est devenue la propriété de M. le Docteur Fortin.

Une nièce de Victor Le Roux nommé plus haut, Renée de la Ferté, demeurant en cette paroisse, épousa André Vaz de Mello, écuyer, seigneur des Métairies et de la Pavée, conseiller du roi, en ses conseils, de la paroisse de La Roche sur-Yon, à la date du 14 janvier 1670. Assistait au mariage : haut et puissant messire Gabriel de Châteaubriant, chevalier, seigneur marquis des Roches.

### La Jaulnière

En 1672, 1674, 1706, 1707, Etienne Rousseau était

sieur de la Jaulnière. Cette ferme, située près du Pû, sur la droite de la route des Moutiers aux Pineaux, appartient à Monsieur Jean Sablereau.

Le 13 juillet 1683, a été inhumé en l'église Maître André Rousseau, en présence de Maître Etienne Rousseau, sieur de la Jaulnière, son fils.

## La Guérivière.

Je trouve en 1703 un maître Etienne Barbier, sieur de la Guérivière, aujourd'hui propriété de M. Bruzon, Octave. En 1780, le fief des Guérivières appartenait à l'évêque et il avait droit au cinq et sixte des fruits.

## La Fraignaie.

La métairie de la Fraignaie dépendait de l'évêché de Luçon. Elle fut vendue, comme propriété nationale, le 9 germinal an VI, pour 182100 frs. à un nommé Saint-Cérant qui me fait l'effet d'être un marchand de biens.

La minute est signée : Saint-Cérant, Maignen, Pervinquier et trois illisibles (1).

Je la trouve à Rabaud Charles en 1820 ; à Chessé François de Bourbon-Vendée en 1836 ; à Porchier-Thibaudière, avocat à Bourbon en 1844 ; à Bellamy, propriétaire à Nantes en 1849 ; à de Fermont, propriétaire à Nantes en 1851 ; à Philippe Beaulieu, propriétaire à Nantes qui partage avec Jollivet, lieutenant-colonel à Laval en 1881.

## La Ménardière.

Barbier, Jean, était sieur de la Ménardière en l'année 1674 : D'azur au barbeau d'or posé en bande accompagné en chef d'une étoile du même, et en pointe, d'un

(1) Archives départementales.

cœur aussi d'or soutenu d'un croissant d'argent au chef du second, chargé de trois roses de gueules.

Le 27 juillet 1674, Maître Jean Barbier, sieur de la Ménardière, a été parrain de Catherine Gaillard, fille légitime de maître Jean Gaillard, sieur de la Fubretière, et de dame Marie Bonnenfant ; la marraine était dame Catherine Bonnenfant.

Cette grande ferme passa entre les mains de l'évêque et elle fut vendue, comme appartenant à la nation, pour la somme de 305000 frs. au citoyen Grimouard et ce à la date du 9 germinal an VI.

La minute, conservée aux Archives départementales, est signée : Grimouard, Maignen, Chaigneau, Pervinquier et trois illisibles.

Elle fut divisée en deux : La Grande et la Petite Ménardière. La Grande passa successivement à Petit-fils Jean à Bessay (1820), à Petit fils Marie-Anne à Bessay (1829), à Bonnet Jean à la Riboulerie (1836), à Arnaudeau Gabriel à Thorigny (1882-1883), à Arnaudeau Armand à Thorigny en 1903. La Petite passa à Gusteau V$^{e}$, André, au Simon (1820), à Forgerit François en 1844, beau-père de M. Bruzon, Octave, qui en jouit actuellement.

## La Bretonnière.

Cette maison noble appartenait le 31 octobre 1659 à noble homme Louis Le Geay, époux de demoiselle Renée Barbier.

Le 13 janvier 1661 a été baptisé Victor, fils de Louis Legeay, docteur en médecine, et de Renée Barbier, sieur et dame de la Bretonnière.

Le 5 janvier 1666, Louis Legeay, docteur-médecin, signe l'acte de baptême de Marie, fille de M. Jean Gaillard, seigneur de la Fubretière, et de dame Marie Bonnenfant. Parrain : haut et puissant seigneur de Creil, marquis de Bournezeau. Marraine : demoiselle Marie-Henriette de Creil.

Le 9 février 1672, a été baptisée Hélène, fille légitime de maître Jean Gaillard, sieur de la Fubretière, et de dame Marie Bonnenfant. Parrain : noble homme Louis Legeay, docteur en médecine. Marraine : dame Judith Bonnenfant. Tous de cette paroisse.

Le 18 octobre 1696 et le 22 mars 1702, la Bretonnière appartenait à Pierre Legeay époux de dame Françoise Pinssonneau.

Le 23 mars 1700 a été baptisée Marie-Anne, fille de messire François de la Cantinière, écuyer, seigneur de Clouian, et de dame Marie Le Forestier. Parrain : Messire Jean-Victor de la Tribouille, écuyer, seigneur des Moutiers. Marraine : demoiselle Elisabeth Le Forestier.

Le 26 février 1702, a été baptisée Marie-Catherine, fille de messire Pierre Legeay, de la Bretonnière, et de demoiselle Catherine Pinçonneau. Le parrain a été François de la Cantinière, écuyer, seigneur de Clouian, et la marraine demoiselle Catherine Chaigneau, dame de la Sablère.

Le 20 mars de la même année a été baptisée Françoise-Louise, fille de haut et puissant François de la Cantinière, écuyer, seigneur de Clouian, et de dame Marie Le Forestier. Parrain : haut et puissant François Daux, écuyer, seigneur de la Blanchardière. Marraine : demoiselle Françoise Pensonneau.

Le 12 mars 1703, a été baptisé Joseph-François, fils de Pierre Legeay, sieur de la Bretonnière, et de demoiselle Françoise Pinçonneau. Parrain : M. Joseph Rousseau, sieur de la Forêt. Marraine : demoiselle Marie Ballon.

Le 6 avril 1710, a été baptisé Bernard, fils de haut et puissant Mre Charles-Marc-Antoine Jousbert, écuyer, seigneur de la Tenaillère et de dame Marie-Anne Guynard.

Parrain ; Mre Bernard Prouillard, sieur du Maine. Marraine : dame Ange Barbier.

Le 21 février 1713, mariage au Simon de Maître François Servant, fils de Jacques Servant, sieur de Boisdinant, et de Marguerite Chaigneau de la paroisse des Moutiers-sur-le-Lay, avec demoiselle Suzanne-Marie Barbier, fille de François Barbier, notaire de la seigneurie de Bessay, et de feue Renée-Madeleine Huillard.

Renée Huillard, dame de la Barottière, est décédée aux Moutiers-sur-le-Lay, le 27 mars 1670, âgée de 62 ans.

Le 22 avril 1757, la Bretonnière était en possession de M. Ornier, employé dans les fermes du roi, époux de demoiselle Marie-Louise Le Geay. Cette famille porte : D'or au chevron de gueules accompagné en chef à dextre d'un geai ou aiglon de sable et à sénestre d'un croissant d'azur, et en pointe d'un pin de sinople.

Aujourd'hui, cette terre est la propriété de MM. Deligné, expert, Conseiller municipal, et Poyvre, Camille.

## La Pinaudière, au Pû.

Cette ancienne demeure existe en partie de nos jours avec cave voûtée. Les murs, à leur base, font deux mètres d'épaisseur, grande cheminée, au sommet des murs colombiers, vue magnifique. Elle appartenait en 1672 et avant à un membre de la famille Le Roux de la Corbinière, lequel signait Le Roux de la Pinaudière ; un autre membre de cette famille signait le Roux de la Siurenière (de St-Hilaire de-Vouhis).

Pour les Le Roux, voir pages précédentes. Elle est possédée actuellement par MM. Forgerit et Bourseguin.

## La Bouchonnière.

Cette ancienne maison noble appartenait en 1668 à Jacques Ragneau, seigneur des Miniers et de la Bouchonnière. Cette famille porte : De gueules à la fasce ondée d'argent accompagnée en chef de deux porcs-épis d'or hérissés de sable, et en pointe d'une étoile aussi d'or, au chef du même chargé de trois étoiles de sable.

Jacques Ragneau, écuyer, seigneur des Miniers et de la Bouchonnière, fut parrain aux Moutiers-sur-le-Lay, le 17 octobre 1669, de Alexandre de Béchillon, la marraine était dame Mathurine d'Arcemalle.

Ce Jacques Ragneau est décédé le 19 juillet 1679 et inhumé le 20 dans la chapelle de la Bouchonnière de la dite église dont il est fondateur.

## Vente de la 5e partie de la Bouchonnière.

« Le 21 fructidor, an IV.

Nous,.... avons par ces présentes vendu et délaissé dès maintenant et pour toujours aux citoyennes Eugénie-Hortense et Esther Régnon, demeurant à Fontenay-le-Peuple, à ces présentes, acceptantes pour elles et leurs héritiers ou ayants cause, les domaines nationaux, dont la désignation suit : La cinquième partie de la maison de la Bouchonnière, commune des Moutiers-sur-le Lay, consistant en deux chambres, greniers dessus, grange, écuries, toiteries, cour, jardin, le tout contenant cinq boisselées; cent cinquante-huit boisselées de terres labourables, trente-cinq boisselées de landes, deux boisselées autrefois en luzerne, vingt journaux de prés.

La cinquième partie des dits biens provenant de François Régnon, émigré, inscrit sur la liste générale des émigrés, au premier supplément à la date du 4 octobre 1793 et dont la confiscation et la vente sont ordonnées par les lois des 8 avril 1792 et 25 juillet 1793. Les autres portions appartenant aux dites citoyennes Régnon acquérantes et à Bibiane Citoys, représentant la mère Bibiane Régnon.

Cette vente est faite pour 2584 fr.

Signé : Hortense Régnon, Esther Régnon, Dillon, Chaigneau et deux illisibles » (1).

En 1820, cette ferme était à M. Forgerit François ; elle est actuellement à M. Bruzon, Octave.

Le seigneur des Miniers possédait dans le bourg même sur la route de Bessay, une jolie maison renaissance, que l'on voit encore avec une porte artistement fouillée, des fenêtres à meneaux aux moulures profilées d'une façon remarquable.

Cette maison passa entre les mains d'une famille Rozand et elle fut vendue à la Révolution, comme il est dit ci-dessous :

« Le 5 prairial an V.

Jean Rabaud a acheté une maison au bourg composée de trois chambres basses et un office, trois chambres hautes deux petits cabinets, un cellier, un grenier par dessus, une boulangerie, une galerie sous laquelle il y a un pressoir et un fouloir, quatre petites cours, un toit, une écurie, un grenier à foin dessus, une autre cour, une galerie, plus des toiteries en masure, un jardin dans lequel il y a un puits, un petit cabinet et des privés, une petite luzerne à l'entrée du bourg, vingt journaux de vigne en Bessay, deux boisselées de terres labourables en Sainte-Pexine, un demi-journal de pré dans le pré de l'Oucherie. Ces biens proviennent de Rozand, ex-prêtre et chanoine à Luçon, émigré.

Cette vente est faite pour 3910 fr. Signé : Bulteau, représentant Jean Rabaud qui signe, Maignen, Pervinquier et une signature illisible » (2).

Cette maison est possédée par Rabaud Charles, en 1820 ;

(1) Archives départementales.

(2) Archives départementales.

par Barraud, Joseph, en 1826, et actuellement elle est à plusieurs : V^ve^ Papon, Chevalier-Piard.

Le 26 pluviose an VII, Hortense et Esther Régnon achètent, comme biens nationaux provenant de leur frère émigré, trois boisselées de terres labourables en deux pièces, entre les Moutiers et S^te^-Pexine, mais sur les Moutiers, pour 37 fr. Ces Régnon demeuraient à Chaligny, commune de S^te^-Pexine, canton de Bournezeau.

## Brédurière.

Un seigneur de Brédurière, Hugues de Luçon, concédait en 1219, à Pierre Farsit le droit de posséder noblement et à hommage lige cette terre, anoblie en 1214, qu'il possédait auparavant roturièrement (1).

Adam Gaufridus miles était au nombre des témoins de l'acte en avril 1214 par lequel Aymeri, Vicomte de houars, confirma cet anoblissement. Elle était auparavant roturière. Elle passa aux maisons des de Béchillon, que l'on croit originaires de Troie, ville d'Asie mineure, qui étaient seigneurs de la Girardière, dans la paroisse du Tablier.

Le 4 septembre 1666, a été baptisée Suzanne, fille de René de Béchillon, chevalier, seigneur de la Girardière et de la Brédurière, et de Catherine Lepetit de Vernou. Parrain et marraine : Victor Leroux, chevalier, seigneur de la Livrenière, et dame Suzanne de Mallenoé.

Le 26 juillet 1668, baptême de Henri, fils des mêmes. Parrain et marraine ; Charles François de Béchillon, chevalier, seigneur de Valence (Vallans) et d'Irland, et demoiselle Renée-Elisabeth des Nouhes.

Le 17 octobre 1669, baptême de Alexandre, fils des

(1) Donc Fonteneau.

mêmes. Parrain et marraine : Jacqûe Ragnaud, écuyer, seigneur des Miniers et de la Bouchonnière, et dame Mathurine d'Arcemalle.

Le 14 septembre 1672, René de Béchillon, chevalier, seigneur de la Girardière, et Madeleine Thévenin, dame du Vau, furent parrain et maraine de Joseph, fils de Louis Thévenin, chevalier, seigneur de Salidieu, et de Elisabeth Clémenceau.

Catherine, fille de René, II^e du nom, porta Brédurière à la famille des Beufniers, marquis des Palliniers, par son mariage avec Séraphin, grand sénéchal du Poitou, commandant la noblesse au ban et à l'arrière-ban du Poitou 1695 et 1703.

Les 25 juillet et 11 août 1683, baptême de René Jacques, fils de Séraphin Beufnier, et de Julienne-Catherine-Henriette de Béchillon. Parrain et marraine : René de Béchillon, chevalier, seigneur de la Girardière et Anne Duchaffault, dame des Palliniers.

Le 6 septembre 1684, Baptême de Louis-Alexis, fils des précédents. Parrain et marraine : Louis-Jean-Charles-Urbain de la Touche-Limouzinière, seigneur de la Vergne-Greffeau, et Marie de La Roche-Saint-André, dame de la Sénardière.

Le 3 mars 1672, a été baptisée Modeste-Marie, fille légime de maître René de Béchillon, écuyer, seigneur de la Girardière, et de dame Catherine Lepetit de Vernou. Parrain et marraine : maître Louis de Thévenin, seigneur de Salidieu, et dame Marie-Charlotte de Châteaubriant.

Le 21 janvier 1688, dans l'église de Bellenoue, fut baptisée Henriette Beufnier, fille de Séraphin et de Henriette de Béchillon.

Le 3 juin 1688, a été baptisé Antoine-Félix, fils des mêmes. Parrain et marraine : François de Marbœuf, chevalier, seigneur de la Saminière et Antoinette Duchaffault, dame de la Haye-Montbault.

Le 17 décembre 1690, a été baptisée Henriette-Marie-Anne, fille des mêmes. Parrain et marraine : Joseph Roatin, seigneur de Bois-Nerbert, et dame Marie-Anne Robert de Lézardière, dame Maior.

Le 20 mai 1698, baptême de Françoise-Thérèse-Honorée, fille des mêmes. Parrain et marraine : Jean-Baptiste Devassé (*sic*), chevalier, seigneur de La Roche-Faton, et Françoise Charbonneau, dame de la Girardière.

Le 1er octobre 1712, mariage de Gilbert Mareschal(*sic*), chevalier, baron de Poiroux, fils de Alexandre Mareschal chevalier, baron de Poiroux, et de Marguerite de Patras, de la paroisse de Fougeré, avec demoiselle Charlotte Beufnier, fille de Séraphin Beufnier, chevalier, seigneur des Palliniers, grand sénéchal de Poitou, et de Julienne-Catherine-Henriette de Béchillon.

Le 12 août 1713, a été baptisé Séraphin, fils des précédents. Parrain et marraine : les aïeuls maternels Le 25 novembre 1714, a été baptisé Charles, fils des mêmes. Parrain et marraine : Charles-Modeste Beufnier, chevalier, seigneur des Palliniers et de Boismorice, et Marie-Anne Descars, dame des Loyres.

Le 26 janvier 1717, a été baptisé Séraphin-Victor-Henri-Frédéric, fils des mêmes. Parrain et marraine : Jean-Victor de la Tribouille, seigneur des Moustiers, et Marie-Charlotte-Henriette des Herbiers, baronne du Langon.

Le 22 juin 1718, a été baptisé Gilbert, fils des mêmes. Parrain et marraine : Claude-Gilbert-Robert de Lézardière, chevalier, seigneur de la Salle, et demoiselle Anne Mareschal.

Le 12 juin 1718, est décédée Julienne-Catherine-Henriette de Béchillon, dame des Palliniers, âgée de 55 ans, inhumée en la chapelle de Brédurière.

Des de Beufnier cette terre est passée à la maison de Monsabré qui la vendit dans la première moitié du XIXe siècle à Barraud Joseph, fermier et régisseur au dit lieu.

Sur la tour du milieu on lit 1605. Sur une autre pierre on voit les dates 1771 et 1784 et, à la porte d'entrée, les armes des De Béchillon et des De Beufnier.

Pour de Béchillon : D'argent à trois fusées de sable accolées et posées en face.

De Beufnier porte : D'azur à trois rencontres de bœuf d'argent couronné d'or.

Séraphin Beufnier, écuyer, grand sénéchal du Poitou, fit la campagne de Flandre et de Hollande sous Louis XIV qui daigna l'accueillir après la paix de Nimègue. Il épousa, en 1681, Marie-Julienne Catherine de Béchillon. Il eut de ce mariage : 1° Alexis qui suit ; 2° Gabriel, chevalier de Malte, mort à l'âge de 23 ans et inhumé dans la chapelle de Béchillon de l'église des Moutiers-sur-le-Lay ; 3° Charles, seigneur qui a formé la branche des Beufnier de Louerie. Beufnier, Alexis, chevalier, marquis des Palliniers, seigneur de Ry, Brédurière, etc... épousa demoiselle Marie-Anne David de Ry. De ce mariage est née Marie-Elisabeth qui épousa noble homme Philippe-Antoine de Liniers, chevalier, seigneur de la Bourbelière-Soulièvre, etc... Le contrat fut passé le 3 février 1748. Outre cette fille, ils avaient un fils, Marc-Antoine, chevalier, marquis des Palliniers, seigneur de Brédurière, de Ry et de la Forêt. Grand sénéchal du Poitou, il mourut le 27 mars 1789 ; il avait épousé Marie-Catherine de Coulié, dont il a eu : 1° Anastase qui suit ; 2° Louis, dit le comte de Beufnier qui fit la campagne dans l'armée des princes ; 3° Françoise-Pélagie-Antoinette, morte le 31 mars 1794, à l'âge de 34 ans.

Beufnier, Anastase-Alexis-Eulalie, chevalier, marquis de Beufnier, seigneur des Palliniers, de Ry, etc... épousa, le 23 novembre 1784, N. Chevalier de la Cointardière, morte sans postérité. Il fut installé le 7 mars 1789 dans la charge de Grand Sénéchal du Poitou.

## Bois-Morice

Charles-Modeste Beufnier était en 1714 marquis des Palliniers et seigneur de Boismorice, formant une ferme distincte appartenant aujourd'hui à M. le Docteur Fortin, Maire des Moutiers-sur-le-Lay.

## Boissonnet

Charles de Granges en 15... était seigneur de Boissonnet qui est devenu propriété de M. Barraud, des Pineaux-Saint-Ouën.

## La Pitardière.

René Germier, écuyer, seigneur de la Pitardière et de la Tudelière avait épousé N. de la Barre; il était veuf en 1623. Le 22 mai 1730, signent noble homme messire François Garnier, écuyer, seigneur de la Pitardière, et noble dame Clotilde Cantineau, dame de la Pitardière.

La Pitardière appartient à M. Léon Fortin.

## La Brosse.

La Brosse était attenante au clos de la Corbinière le 11 février 1696. Messire René Rigolage en était le seigneur. De gueules à trois brosses d'or.

Les bâtiments n'existent plus.

## Le logis de la Tribouille.

Dans cette poétique région des Moutiers, on ne peut faire un pas sans trouver de curieux vestiges des âges disparus. C'est ainsi qu'en face l'église, avec une tour en saillie, portant la date de 1664, on aperçoit l'ancien logis des la Tribouille, dont un, Jean-Victor, signe en 1717 comme parrain d'un fils du seigneur de Salidien et un autre était marié et habitait Bellenoue, à la Rousselière.

D'azur à trois coquilles d'argent. Le tombeau de cette famille est à Nantes.

Fait partie du domaine de M. Gauvrit, propriétaire aux Moutiers-sur-le-Lay, et est habité par le notaire actuel. M. Nicaud.

## Une affaire civile en 1788.

Un Charles Boursier, frère du curé Pierre Boursier, était en 1788 fermier de la terre et seigneurie de la Corbinière. Le 21 octobre, Charles, représenté par son frère, Pierre, se plaint par devant le seigneur de la Vergne, avocat en parlement, sénéchal, juge civil et criminel et de police de la ville et baronnie de Luçon et châtellenie des Moutiers-sur-le-Lay, d'un nommé Jauselin, marchand de bois à Luçon et fournisseur pour la marine. Il prétend que ce dernier lui aurait fait des dommages considérables, avec malveillance, sur plusieurs pièces de terres en exploitant des arbres têtards achetés du seigneur de la Corbinière. Jauselin dit que « cette demande de dommages-intérêts n'a été formée que par animosité dès que le sieur curé n'ignorait pas les conventions de l'achat de ces bois et que l'exploitation d'iceux ne doit finir qu'à la St-Michel 1789, par conséquent qu'il faut une facilité au comparant pour cette exploitation qui ne peut se faire d'un jour à l'autre ayant de ce bois destiné pour la marine, dont l'exploit est réglé, il dit même plus que pour justifier l'action en agât il faut que le dommage paraisse, dans la position du sieur Curé quel dommage peut-on lui avoir causé à du blé et du lin qui n'était pas semé, en vérité il faut être le sieur curé des Moutiers pour former de pareilles demandes et avoir envie de vexer un père de famille qui n'a cherché que la paix et la tranquillité avec lui, tous les faits sont faux et supposés, déclare le comparant ne vouloir nommer d'expert et proteste de nullité et rien approuver qui puisse lui faire un préjudice, il prétend que le sieur Boursier est jaloux du marché qu'il a fait avec le seigneur de la Corbinière, qu'il s'est même permis d'enlever les branches des arbres qu'il a fait exploiter. »

Il est dit plus loin : « Si le seigneur de la Corbinière a nommément vendu les branches des dits têtards au sieur Jauselin, il lui a à tort vendu ce qui ne lui appartenait pas. »

Le procureur de M. Boursier nomme pour son expert aux fins de la visite la personne de François Nassivet, fermier à Launay de Ste-Pexine, et d'office, le juge nomme, pour expert de Jauselin, le sieur Charrier, fermier demeurant aux Moutiers-sur-le-Lay, « lesquels seront appelés devant nous pour accepter leur commission et prêter le serment. »

Le tout a été signifié aux parties le 22 octobre 1788 à la requête de messire Pierre Boursier étant aux droits du sieur Charles Boursier, son frère..

Rien ne fait connaître le résultat de la visite (1).

## Administration.

Il y a environ trois cents électeurs (308) et l'assemblée communale comprend douze conseillers municipaux. Une salle de la maison d'école des garçons sert de mairie et toujours l'instituteur a rempli les fonctions de secrétaire. Les Moutiers font partie de la brigade de gendarmerie de Mareuil, du 11e corps d'armée dont le siège est à Nantes, du recrutement de La-Roche-sur-Yon. Les différentes contestations et contraventions sont jugées au tribunal du juge de paix à Mareuil et les affaires plus graves,

(1) J'ai trouvé la signification dans les papiers de la famille Nassivet.

délits, etc... à La Roche-sur-Yon, au tribunal de 1re instance. La commune avec tout le département dépend de l'académie de Poitiers et de la 21e division militaire. Elle est desservie par le bureau de poste de Mareuil depuis 1825. « Le 1er août 1824, le Conseil demande à ce que la commune soit desservie par le bureau de poste de Mareuil » (1.)

« Précédemment le facteur n'apportait la correspondance que tous les deux jours. Le 27 février 1848 demande du Conseil municipal d'avoir le facteur tous les jours » (2).

Les impôts sont payés à Mareuil. En 1814, le percepteur des contributions s'appelait Pierre Marie Vidale et demeurait aux Moutiers. J'ai vu un avertissement du temps au nom de Madame Gentet, veuve à Fontenay, chez M. Nassivet à Launay.

Avant la Révolution : « Le 23 octobre 1704 M. Alexandre Mamineau, receveur des aydes au bureau de Mareuil a été parrain de René Alexandre Sertiant » (3).

« Le 2 juin 1734, est parrain de Marie-Anne Charlotte Debarbier, messire Nicolas Charles Garrant, seigneur des Haliers, receveur des fermes du roy à Mareuil. » (4)

« Le 6 février 1739, Augustin Chevalier, commis dans les fermes de cette paroisse, a été enterré dans le cimetière de ce lieu, en présence de messire Daniel Lenoir, aussi employé dans les fermes, et de messire Jean Girard, notaire » (5).

« Le 20 décembre 1774, Jérôme Gauducheau a eu pour

(1) Archives communales.

(2) id.

(3) Archives communales.

(4) id.

(5) id.

parcin le sieur Pierre Seguin, capitaine employé dans les fermes du roy » (1).

« Le 23 mai 1740 a été inhumé Daniel Lenoir, employé ici dans les fermes du roi, âgé de 55 ans » (2).

Enfin je trouve le 15 janvier 1788 un Pierre Pallardy, receveur des domaines du roi.

## Maires.

En 1792, Mayrand signe comme greffier chargé de la part de la municipalité de tenir les registres. Celui de 1792 porte : « Clos et arrêté le trente et un décembre mil sept cent quatre-vingt-douze de l'an premier de la République Française par nous, Maire et officiers municipaux de la commune des Moutiers-sur-le-Lay. Signé : Jean Rabaud, François, Careil, officier, Martineau officier, Faugeron, J-B. Mairand greffier. »

En 1793, Bernard Blanchard, officier public de la commune des Moutiers-sur-le-Lay, canton de Mareuil, nommé en exécution de l'art. 2 du titre 1er de la loi du septembre 1792, reçoit les déclarations des actes de l'état-civil.

Le 4 décembre 1793, il signe Blanchard, notable.

Jean-Baptiste Mairand signe comme officier public des Moutiers le 12 thermidor, an II, jusqu'au 10 fructidor, an III. Le 1er vendémiaire, an III, signent Careil et Braud, officiers mnnicipaux. Le 12 fructidor, an III, signe Malécot, maire. En l'an IV signe un Jean-Bernard Blanchard, en qualité d'adjoint de l'agent municipal jusqu'au 26 ventôse, an VI.

Le 13 germinal, an VI, signe un Malécot, agent.

Le 26 thermidor, an VI, signe un Careil, adjoint.

(1) id.
(2) id.

Aulneau, agent, signe le 6 floréal, an VII.

Le 18 vendémiaire, an VIII, signe un Rivalland, adjoint.

Le 14 pluviose, an VIII, Aulneau est agent et le 3 prairial, maire provisoire.

Le 26 prairial, an VIII, Rouzeau-Boissorin signe comme maire et Aulneau est adjoint.

De 1808 à 1813 Chauveau est maire et notaire

Remplace Malécot, maire depuis l'an XIII. François Rabaud était adjoint de Malécot.

De 1813 à 1815, Jérôme-Aimé Aulneau est maire.

Maillot, Charles-Auguste-Gabriel, est maire de septembre 1815 au commencement de 1827.

Chauveau signe seul en 1827 en qualité d'adjoint, il n'y a probablement pas de maire. Il était adjoint depuis le 25 janvier 1826. Il avait remplacé, en cette qualité, Leforestier La Bailleraye installé adjoint le 12 août 1821.

Rouzeau-Boissorin est maire de 1828 à 1830.

Aulneau, Jérôme-Aimé est maire de 1830 à 1840.

Chauveau Ferdinand et Guigné François sont installés maire et adjoint le 24 août 1840. Ils sont renommés le 16 juillet 1843.

Chauveau Ferdinand, nommé Maire par M. le Préfet le 28 juillet 1845, est installé le 9 avril 1846.

Chauveau et Guigné sont installés encore maire et adjoint le 3 septembre 1848.

Chauveau est installé maire le 25 juillet 1852 par M. Forgerit, premier inscrit au tableau des conseillers municipaux. M. Louis Marmet est installé adjoint le 20 septembre 1852 pour, le Maire, jusqu'en 1860, et l'adjoint, jusqu'au 2 février 1857, et remplacé alors par Guigné François.

Lo 16 septembre 1860, MM. Forgerit et Guigné sont

installés maire et adjoint. Rivalland, Eugène, est maire du 12 septembre 1865 au 15 juillet 1870, date à laquelle il démissionna. Guigné est adjoint.

Chauveau, ancien notaire, et Forgerit Joseph sont installés maire et adjoint, le 13 janvier 1871, jusqu'au 7 mai 1871.

Forgerit Joseph et Guigné François, du 7 mai 1871 au 15 mars 1874.

Guigné François et Gauverit Edmond du 15 mars 1874 au 14 mars 1886. A cette date M. Forgerit est maire et Gauverit adjoint jusqu'au 15 mai 1892. Renou remplace Gauverit à partir du 27 juillet 1890.

Boudaud et Trenit sont maire et adjoint du 15 mai 1892 jusqu'au 20 mai 1900.

Fortin Léon et Boudaud, Philippe, Maire et adjoint du 20 mai 1900.

## Bureau de charité.

Le 17 janvier 1847, le Conseil vote « 368 fr. pour former un atelier de charité qui seront employés à faire travailler au chemin vicinal de Grande communication N° 19 de Jard à la Châtaigneraie. » Il espère recevoir une part des quatre millions mis à la disposition du Ministre de l'Intérieur à l'effet de faciliter aux communes les moyens de procurer de l'occupation aux populations ouvrières indigentes. Le 15 avril 1847, une autre somme de 300 fr. a été votée pour le même objet.

Le 7 octobre 1865, un Comité de charité est composé de la manière suivante :

M. le Maire, Président ;

M. le Curé ;

M. Sablereau Jacques, conseiller municipal, désigné par M. le Préfet ;

M. Pépin, Louis, membre du bureau de la fabrique, désigné par Mgr l'évêque de Luçon ;

M. Bonnin, René, propriétaire, notable habitant de la commune ;

M, Rivalland, Eugène, fils, secrétaire.

Le dit bureau de charité institué par arrêté de M. le Préfet en date du 7 septembre 1865 n'a fonctionné que jusqu'au 11 juillet 1869.

Le 11 mai 1867 une imposition extraordinaire devant rapporter 800 fr. est votée pour le bureau de charité.

## Situation financière de la commune.

| | | |
|---|---|---|
| Recettes effectuées pendant l'exercice 1902 | : | 12417,fr.08 |
| Paiements effectués. . . . . . . . . | : | 9156,fr.77 |
| Excédent de recettes. . . . | : | 3260,fr.31 |
| Reste à payer au 31 mars 1903. . . . | : | 2989,fr.64 |

Dette de la commune à la clôture de l'exercice 1902 : 8827 fr. 68, assurée par quatre impositions votées conformément aux lois.

## Propriétés communales.

Listes des propriétés foncières, bâties ou non bâties, appartenant à la commune, et affectées à un service communal.

| | |
|---|---|
| Eglise, 5$^{a}$, usage du culte . . . . . . . | 12000 fr. |
| Cimetière, 50$^{a}$, 10, inhumations . . . . | 2000 fr. |
| Presbytère, 16$^{a}$, 70, logement du desservant . | 10000 fr. |
| Mairie et maison d'école de garçons, 18$^{a}$, 25, Ecole publique . . . . . . . . . | 12000 fr. |
| Maison d'école de filles, 9$^{a}$, 10, Ecole publique. | 11000 fr. |

## Voies de communication.

Des routes et des chemins mettent en communication les Moutiers avec tous les bourgs voisins et les hameaux.

Quatre chemins de Grande communication la traversent ; N° 116, de La Roche-sur-Yon aux Moutiers-sur-le-Lay ; N° 7, de Luçon à Rocheservière et à Saint-Etienne de Corcoué ; N° 19, de Jard à la Châtaigneraie et à Coulonges-sur-l'Autise ; N° 48, de Mareuil aux Herbiers. Un chemin vicinal ordinaire, N° 8, conduit des Moutiers à Brédurière ; un autre, N° 7, va des Moutiers à la Rivarnière. Enfin un grand nombre de chemins ruraux, fangeux en hiver, raboteux en été, permettent aux villageois d'arriver au chef-lieu.

Rappelons, d'après Charles Etienne, que le bourg des Moutiers se trouvait, en 1553, sur le le grand chemin de Loudun à Luçon, qui traversait Loudun, Pas-de-Jeu, Nissay, Saint-Mesmin, Tillais, Sigournais (château), Chantonnay, Les Moutiers-sur-le-Lay, Bessay, Mainclaye et Luçon, voie mentionnée sur l'état des chemins du Bas-Poitou. A cette époque, ajoute l'auteur dont nous venons de parler, le passage du Lay aux Moutiers était considéré comme dangereux.

Le chemin de fer de Tours aux Sables-d'Olonne passe à 12 km. d'ici, à la station de Bournezeau ; à peu près même chemin pour se rendre à la gare de Luçon, ligne de Nantes à Bordeaux. Saint-Hermine, la station sur la ligne du tramway de Luçon à Chantonnay, ne se trouve qu'à huit kilomètres.

Les facilités de communication hors de la commune font complètement défaut aux Moutiers ; on n'y trouve aucune voiture à louer.

## Agriculture.

Avant la mainmise de l'Etat sur les biens du clergé et des émigrés, il n'existait dans la commune que de très grandes propriétés. Les habitants du pays et des étrangers se réunirent pour acheter ces domaines, se les partagèrent et les vendirent par lots. C'est ainsi que commença la division de la propriété territoriale. Il n'y a plus ces propriétés de 300 Ha. Toujours le morcellement augmente. La division du sol entre un grand nombre de mains a eu pour effet de diminuer le nombre des ouvriers agricoles qui louent leurs services. Le personnel agricole deviendra insuffisant et l'est déjà, et ce qui le prouve, c'est qu'on fait travailler aux champs les enfants beaucoup plus jeunes qu'il y a 30 et 40 ans.

Cette situation doit être attribuée à des causes multiples : l'émigration vers les villes, l'extension des cultures, le morcellement du sol, la division des familles. Le militaire ne retourne pas à l'agriculture, mais embrasse une profession industrielle ou cherche à se placer comme cantonnier, garde, douanier, etc...

La population est attirée vers la ville parce qu'elle espère y trouver une vie plus agréable. Ce sont surtout les hommes non mariés et les filles qui cherchent à se placer en ville,rarement les ménages abandonnent la campagne. Enfin, tandis qu'autrefois on rencontrait sur beaucoup d'exploitations des communautés de cultivateurs, dans lesquelles les enfants restaient même après leur mariage, aujourd'hui les familles sont moins unies et les enfants se séparent d'ordinaire à l'époque deleur établissement. La division de la propriété a puissamment contribué au développement de la prospérité générale. On dépense trop pour la toilette, l'envie de paraître est trop grande. Quoiqu'il y ait amélioration sous le rapport de la nourriture, du vêtement et du logement, le bien-être général ne s'est pas assez accru parce que le luxe et la débauche ont pris un développement trop grand. Les jeunes gens restent trop au cabaret.

La culture des plantes fourragères s'étend de plus en plus. La qualité du bétail s'améliore tous les jours ; sous ce rapport de grands changements se sont opérés depuis 1870 ; ils sont dus au choix plus intelligent et au perfectionnement des races, ainsi qu'à l'amélioration des procédés d'élevage et d'engraissement. Le nombre des animaux s'est beaucoup accru et il en est résulté une augmentation notable de la production du fumier.

Tous les cultivateurs vendent leur lait à la beurrerie de Mareuil ; ils ont moins de peine, mais si chacun était pourvu d'une bonne écrémeuse, il retirerait du produit de ses vaches un tiers de plus qu'à vendre le lait. La création de cette beurrerie a tué les marchés du lieu. La volaille et les œufs se vendent à des prix fort élevés à Luçon et à Ste-Hermine. C'est une ressource importante.

Comme plantes industrielles on ne cultive que le lin et encore ce n'est guère à compter, à peine 3 Ha.

L'institution des comices agricoles a exercé une influence favorable sur la prospérité agricole. Ces comices sont subventionnés par le département et l'Etat. Il est à désirer qu'un plus grand nombre de primes soient distribuées, cela poussera davantage encore les cultivateurs dans la voie des améliorations, mais de grâce ne fourrez pas la politique dans le jury. Un cultivateur me disait :

Je conduirais bien mon taureau, mais il ne sera pas primé. — Hé ! Pourquoi ? — Parce que mon maître est mal vu à cause de ses idées...

En plaine, on fume une partie du terrain au moyen du parc à moutons ; c'est là un excellent engrais, mais le mouton diminue de jour en jour, par suite de la division de la propriété.

Le phylloxéra a fait beaucoup de mal dans la commune vers 1880 ; cependant il reste encore quelques vieilles vignes, mais elles ne donnent presque plus. On a planté des plants américains directs, qu'on abandonne pour revenir aux vieux cépages greffés sur riparia ou sur rupestris.

Les raisins de la commune sont : la folle blanche, le bon-blanc, le bon-rouge, le pinot de Bourgogne et surtout le rouge dit ragoûtant. La folle produit beaucoup, mais donne de très petit vin qui doit être consommé dans l'année. On mélange le bon-blanc et le bon-rouge. On obtient ainsi un vin rosé, agréable à boire, qui, dans les bonnes années, a de la chaleur et du montant. Le pinot de Bourgogne donne un vin plus corsé, plus généreux, beaucoup plus coloré, qui réussit fort bien à la cuve. Le ragoûtant est moins coloré et moins fort que le précédent. Le prix moyen de 1903 est de 40fr. l'Hectolitre.

Le placement en est très facile.

La récolte de 1902 a donné.

| | | | | | |
|---|---|---|---|---|---|
| Froment. | 6.720 | quintaux, | paille | 14 000 | quintaux. |
| Orge. | 112 | — | — | 144 | — |
| Avoine. | 880 | — | — | 1.375 | — |
| Millet. | | | | 122 | — |
| Haricots. | | | | 126 | — |
| Pommes de terre. | | | | 1.152 | — |
| Betteraves fouragères. | | | | 10.000 | — |
| Sainfoin. | | | | 11.200 | — |
| Trèfle incarnat. | | | | 7.200 | — |
| Foin. | | | | 31.500 | — |

Lin. 20 quintaux de graine, 11 quintaux de filasse.

Vin. 1 140 Hectolitres.

Pommes à cidre : 140 quintaux.

## Elevage.

La race bovine vendéenne domine.

On voit cependant quelques échantillons des races Manceau, Bretonne, Normande. Le débouché le plus ouvert est le marché de Luçon.

L'élevage de la race porcine occupe surtout les fermières, ainsi que les soins à donner aux poules. On ne s'occupe guère de l'élevage du cheval.

Nombre d'animaux en 1902 :

| | |
|---|---|
| Race chevaline . . . . . . . . . . . . . . | 72 |
| — asine. . . . . . . . . . . . . . . | 2 |
| — bovine . . . . . . . . . . . . . . | 1260 |
| — ovine. . . . . . . . . . . . . . . | 200 |
| — porcine . . . . . . . . . . . . . . | 453 |
| — caprine . . . . . . . . . . . . . . | 12 |
| Production du lait par jour. . . . | 10 Hectolitres. |
| Quantité de miel récolté en 1902. . . | 30 kilogr. |
| — cire | 15 — |
| — laine | 400 — |

## Progrès.

Dans le paragraphe consacré à l'agriculture, j'ai montré les progrès accomplis depuis 1870.

Une société d'assurance mutuelle contre la mortalité du bétail fonctionne aux Moutiers depuis plusieurs années ; il serait à désirer de voir tous les cultivateurs en faire partie.

Les assurances des récoltes et du bétail contre l'incendie, des récoltes contre la grêle, sont malheureusement presque nulles.

## Emigration

Beaucoup de bordiers et de journaliers agricoles ont quitté les Moutiers pour aller s'établir dans les Charentes. Quelques-uns sont contents de leur déplacement. Tant mieux. Puissent-ils réussir !

Si j'osais, je dirais tout haut à ceux qui ont encore des désirs de quitter le coin qui les a vus naître :

Allez aux colonies : Tonkin, Madagascar. Là, vous pourrez faire quelque chose, si vous avez quelques mille francs devant vous, de bons bras et de la bonne volonté.

## Industrie.

La petite industrie est nulle aux Moutiers. Deux tisserands. Un moulin à vent à la Grande Roche et le moulin à eau de M. Bruzon, au bourg. Ce dernier se compose d'une roue hydraulique à pied de la force de 5 à 6 chevaux-vapeur. Il a trois paires de meules et il moud vingt sacs de blé par jour en moyenne. Il y a quelque cinquante ans, le moulin avait deux roues dont une, la grosse, forte de 14 chevaux, et cinq paires de meules. Le meunier ne fait que pour les clients de la campagne, autrefois il fournissait à un grand nombre de boulangers de la farine très recherchée.

C'est le moulin de l'ancien monastère, appartenant à l'évêque avant la Révolution.

« 19 thermidor, an IV.

Nous... avons vendu et délaissé dès maintenant et pour toujours au citoyen Jacques Villain, Commissaire du Directoire exécutif près l'Administration municipale du canton de Mareuil, demeurant à Dissais, les domaines nationaux, dont la désignation suit :

La maison principale ainsi que les moulins et chaussées, consistant en deux chambres basses, une haute, un grenier, écurie, granges, toiteries, deux roues de moulin à eau, quaireux, puits, tuiles et jardin, le tout en assez mauvais état et contenant ensemble trois boisselées et demie mesure de Mareuil, huit journaux de pré en quatre pièces de chaque côté du pont avec deux petits motheaux près le pont.

Les dits biens dépendant du ci-devant évêché de Luçon appartenant à la nation, et dont la vente est ordonnée par la loi du 28 ventôse dernier. Lesquels dits biens avaient été arrentés au citoyen Beteau, premier mari de la citoyenne Loiselet, veuve Baraud par le ci-devant évêque de Luçon et situés dans la commune des Moutiers-sur-le-Lay.

Cette vente est faite pour 7350 fr.

Signé : Villain, Pervinquier, Maignen, Dillon, et une illisible » (1).

L'évêque possédait aussi dans la paroisse de Corps une maison et un moulin à eau, ayant deux roues, situés sur la Smagne à Minclay et un moulin à vent, dit Moulin-de-la-Croix. Ces biens dépendaient de la maison de campagne de l'évêque située au bourg des Moutiers-sur-le-Lay. Les évêques de Luçon arrentèrent ces biens avec un moulin à vent, qu'ils possédaient près de Bessay, avec un pré et une ouche ; ils possédèrent ces biens jusqu'en 1790, et les héritiers Bideau devaient pour cette rente un tonneau de froment et 40 francs d'argent.

Avant la Révolution, je trouve un fabricant de grosse étoffe de laine : maître André Caillaud, « ancien sindic et fabriquant de cette paroisse » décédé aux Moutiers le 27 octobre 1791.

## Commerce

Aucun marché ne se tient plus aux Moutiers.

Les denrées et bestiaux sont conduits à Mareuil, à Luçon, à Bournezeau, à Ste-Hermine et quelquefois à Chantonnay. Un marchand de tissus, cinq épiciers, trois sabotiers et un entrepeneur de battage représentent seuls cette branche de l'activité humaine.

De ce côté les Moutiers ont perdu de leur importance. En 1450 deux foires étaient établies dans cette localité ainsi qu'un marché qui s'y tenait le mardi. Nous les voyons en pleine prospérité jusqu'à la Révolution.

En 1835, le Conseil demande quatre foires : 20 février

(1) Archives départementales.

20 avril, 18 juin avec assemblée gagerie, 15 novembre. Demande renouvelée le 7 mai 1841 et le 10 mai 1845. Un peu plus tard une autre fut établie le dernier mardi de janvier. A partir de 1847, il y a un marché hebdomadaire le mardi, et le dernier mardi de février, avril, mai et octobre de chaque année, des bestiaux de toute espèce sont reçus et tout trafic fait. Le 30 mai 1847, le Conseil vote les frais d'insertion des foires sur les almanachs : dernier mardi de février, avril, mai et octobre. Elles furent longtemps les meilleures de la contrée ; elles rapportaient environ 400 fr à la commune, comme droits d'entrée et de places, elles n'existent plus depuis 1897. Le marché du mardi n'avait plus lieu déjà depuis la fondation de la beurrerie de Mareuil.

## Histoire.

C'est particulièrement sur les bords des rivières que vécurent nos premiers pères dans un état de profonde misère. La demeure est une cavité naturelle, un abri sous roche, une caverne dont on défend l'entrée avec quelques blocs volumineux déplacés et remplacés en guise de porte. Dans de telles conditions, ils doivent soutenir des luttes terribles contre les animaux sauvages, contre les puissants de l'époque et contre un climat beaucoup plus froid qu'il ne l'est de nos jours.

Une époque arrive où la hache n'est plus un caillou, mais un silex poli avec soin.

La grotte des « Farfadets » atteste la présence des premiers hommes aux Moutiers, au vicus gaulois. Située dans un bois dépendant de la ferme de la Pitardière, l'allée commence à 10 mètres du pré, elle mesure 9 mètres de longueur sur 1 m. 40 de largeur à l'entrée de la grotte et 1 m. au commencement du couloir. Hauteur à l'entrée de la caverne : 2 mètres ; au milieu, 1m. 80 ; dans le fond

1 m. 60. A l'entrée, il existe deux petits encastrements piqués dans le roc, celui de droite mesure 0 m 15, celui de gauche 0 m. 40. Elle est située à l'ouest et très bien creusée dans un schiste assez tendre, mélangé de veines de quartz. La voûte forme un beau cintre, le fond est arrondi.

Dans toute sa longueur (9 m.), ainsi que dans la longueur du couloir, le long d'une paroi, il existe une petite rigole afin de faciliter l'écoulement de l'eau qui suinte du rocher.

A l'habitation de la caverne succède la demeure lacustres. Des fouilles dans l'île formée par le Lay amèneraient sans doute de curieuses découvertes sous ce rapport.

Des peuples d'Asie franchissent le Rhin (1500 avant J. C.), l'histoire les connaît sous le nom de Gaëls, Galls ou Celtes, d'où est dérivé plus tard le nom générique de Gaulois. Notre commune était alors couverte de bois.

Les Cimbres ou Kymris envahirent notre pays 600 ans avant J. C.

Les Pictons habitaient la Vendée à l'époque gauloise. Ils formaient trois tribus alliées ; les Ambiliates au nord, les Agnanutes, Agnutes ou Agnotes au centre, et enfin les Agésinates Cambolectri qui tenaient les bords de la mer et s'avançaient jusqu'ici.

Avec les Cimbres apparaissent les Druides dont les volontés étaient regardées comme des lois, leurs paroles comme des oracles. Ils immolaient des prisonniers à leur dieu Teutatès.

Les Romains, conduits par César, firent la conquête de la Gaule. Des voies romaines sillonnent alors la Vendée ; la plus rapprochée était celle qui reliait Niort, Fontenay, Mareuil et Jard (l'antique Bel-Esbat). De magnifiques villas se fondent : à S^te^-Pexine, à l'Oucherie des Moutiers.

Le Poitou fut soumis aux Wisigoths, dans le v^e^ siècle,

aux Francs dans le VI^e et suivit le sort de l'Aquitaine. Les Normands mirent à feu et à sang Luçon, les Herbiers, Fontenay et il est tout probable qu'ils sont passés aux Moutiers, car ils suivaient les cours d'eau, rançonnant impitoyablement les riverains. Ils aimaient surtout à verser le sang des prêtres et des moines : « Nous leur avons chanté la messe des épées, disaient-ils. » Renaud et son cousin Ranulfe, comte de Fontenay, vainquirent les Normands au pont de Brillac, près Coulon, Deux-Sèvres, en 853. Aux X^e et XI^e siècles, les seigneurs couvrirent la Vendée d'églises et d'abbayes, entre autres celle de Trizay, près d'ici, dans Saint-Vincent. Elles eurent bientôt une puissance rivale de celle des plusgrands seigneurs.

Les Anglais possédèrent deux fois le Poitou : Duguesclin leur arracha en 1371 et Charles VIII le réunit définitivement à la couronne en 1436.

## La Réforme.

Calvin vint à Poitiers, vers la fin de l'année 1534, pour jeter dans le Poitou les germes de la révolution religieuse. Un de ses disciples (Véron) parcourut tout le Poitou, où il prêcha l'évangile « allant, trottant et furetant partout, et portant les nouvelles de la vérité. » Ce mouvement religieux prenait chaque jour des proportions plus larges.

La réforme fut plutôt dans notre contrée, dans les campagnes surtout, une protestation politique qu'une aspiration religieuse.

La cause de l'acceptation des idées de la réforme par la noblesse du pays, c'est qu'elle voulait se soustraire à l'influence des communautés religieuses qui, toutes puissantes et fort riches, la ruinaient par leurs aumônes et par les fondations à soutenir. En devenant huguenot, on détruisait en quelque sorte la féodalité monacale.

La Réforme compta quelques adeptes aux Moutiers-sure-Lay et davantage à Bessay, où Giron de Bessay devint le chef. La prise du château des Moutiers et sa ruine en 1568 et 1569 le prouvent. En 1570 nous trouvons les maisons des huguenots vides et l'évêque est autorisé à s'en servir.

Le culte protestant fut célébré à Mareuil et à Bessay pendant quelques années.

A la suite d'un arrêt du roi donné en conseil privé le 15 mars 1641 assignation fut donnée de démolir le temple de Bessay.

14 juin 1653. Jugement rendu contre dame Louise de Bessay, veuve de Bonaventure Chaille, seigneur de la Chevrotière et Mouzeuil, portant défense à elle et au 1er Ranconnet, ministre protestant, de faire le prêche dans le bâtiment nouvellement construit à la Chevrotière, ce qu'elle avait fait contrairement à l'édit de Nantes, que le dit bâtiment sera fermé par un juge de Luçon. Ce jugement fut rendu à la requête de Mgr de Nivelle, évêque de Luçon.

Actuellement une seule famille calviniste habite la commune des Moutiers-sur-le-Lay. La commune fait trois francs d'indemmité de logement au ministre protestant qui instruit ses coreligionnaires au temple de Sainte-Hermine.

## Froid en mai 1698.

« En l'an 1698, le 3e de may les fruits gelerent presque tous, une grande partie des blez et presque tous les vins et ce quon a amasset quoyque mauvais et fort vert se vendait seizes pistoles le tonneau ce tesmoignage est vray celluy qui la escrit la veu de ses propres yeux.

Ayrault curé des Moutiers-sur-le-Lay, en l'an mil six cent quatre vingt dix neuf » (1).

(1) Archives communales.

## Prix du blé en 1704.

« Aujourd'huy vingt du mois d'avril mil sept cent quatre le boisseau mesure de Mareil de froment se vend quatres livres et le seigle trois livres six sols et la baillarge et méteil trois livres, il poura bien valoir encore davantage avant que la saison d'en cueillir d'autre soit venue » (1).

## Hiver 1709.

« L'an mil sept cens neuf au mois de janvier le grand froid commença le sixiesme après vespres et les neges tombèrent deux jours après et ont durer quinzes jours avec un froid innouy qui a gelé les lauriés noyers pins lières aigeons genets toutes herbes potageres et le blez froment a valeu 15 ou 16 pistoles et les menus blez froment a valeu metayes et avoines ont gelez on a seme des baillarges en leurs places. Ayrault curé des Moutiers-sur-sur-le-Lay » (2).

## Enquête sur René Moquais en 1773.

« En août 1773, le curé de Sainte-Pexine s'appelait Blanchard, chargé par l'illustrissime et révérendissime évêque et baron de Luçon, Claude-Antoine-François, conseiller du roy en tous ses conseils, d'informer par audition si réellement un nommé René Moquais était bien né aux Moutiers-sur-le-Lay et avait bien été baptisé à Sainte-Pexine. Après enquête, la demande fut reconnue fondée et une ordonnance fut prise en faveur du suppliant » (3).

(1) Archives communales.

(2) Archives communales.

(3) Archives communales.

### Le Jardinier de Brédurière en 1720.

Le 16 décembre 1720 inhumation aux Moutiers-sur-le-Lay du jardinier de Brédurière « appelé vulgairement le muet de Brédurière, parce qu'il est effectivement muet et sourd » âgé de 65 ans.

### Une procédure en 1783 relative au prieuré.

Procédure relative à l'opposition formée par les habitants de la paroisse de Saint-Pierre des Moutiers-sur-le-Lay à la réunion du prieuré de Saint-Pierre à la cure du dit lieu et à l'enregistrement au parlement des lettres patentes obtenues par Pierre Boursier, curé, conformément au décret de suppression et de réunion à la cure rendu par Isidor de Mercy, évèque de Luçon, du 25 novembre 1777.

Rien ne fait connaître l'issue de cette procédure.

Ce prieuré avait 800 livres de rentes et n'avait d'autres charges que de faire célébrer un service chaque année pour le repos de l'âme du fondateur et une première messe chaque dimanche et fête pour la commodité des habitants.

### Un mort dans un pré en 1784.

Le 24 octobre 1784 a été inhumé le corps d'André Couchais, âgé de 80 ans, trouvé mort dans une prairie de la Jaunière, de cette paroisse. Est annexée au registre une copie signifiée de la sentence de levée du dit cadavre rendu à la même date sur les cinq heures du soir, par Benjamin Chauveau, procureur de la ville et baronnie de Luçon et de la châtellenie des Moutiers-sur-le-Lay, licencié-es-lois, et faisant les fonctions de juge, pour l'indisposition de Monsieur le sénéchal des dites ville, baronnie et châtellenie « estant dans la maison de la seigneurie des dits Mouthiers. »

## La paroisse des Moutiers en 1789.

Le 9 mai 1789, la paroisse des Moutiers-sur-le-Lay qui relevait de la sénéchaussée de Fontenay comptait 140 feux et nommait deux députés aux assemblées primaires.

## Embarras du curé de Saint-Ouën en 1792.

Trouvé dans un registre de 1792. « Monsieur, Jacques Vayronneau demeurant au Épessolle paroisse de St-Ouïn est venu chez moy a ce matin sauvoir comment don ferez au vis à vis de l'enterrement de sa sœur qui est décédée hier au soir sur les sept à huit heures et comme vous sçavez que nous navont point de fonctionnaire ni municipalité dant notre paroisse ; je luy ay dit quil falloit vous demander si vous eussiez eu la complaisance de venir l'enterrer en le cimetière de notre commune il ma fait la réponce quil vous lavez demander mais que vous lui aviez dit que vous ne pouviezpas venir crainte de quelque tumulte ; Mais comme il ne s'embarrasse point que se soit à St-Ouïn ; je pence quil vous parleront pour lenterrer aux Moutiers si vous voulez bien vous donner cette peinne car pour moi je nay rien à dire en tout cela ; ainssy monsieur vous en ferez de la manière que vous jugerait à propos.

Jay l'honneur destre avec respect, Monsieur, votre très humble et très obéissant serviteur.

Robin.

A St-Ouïn ce 25 mars 1792. »

Je rappelle que l'église de St Ouïn a été ravagée par le feu pendant la Révolution et la paroisse rattachée aux Pineaux, d'où vient qu'aujourd'hui on dit les Pineaux-Saint-Ouën : Sanctus Audœnus de vastâ, de vasto, ou Sanctus Audœnus sucy. Le 12 avril 1793, treize citoyens descendirent la cloche et la portèrent dans un champ de genêts.

Quant à la sœur de Jacques Vayronneau, Boursier, curé des Moutiers, l'a inhumée le 25 mars 1792.

## Autres propriétés dépendant de l'évêlée avant la Révolution.

En plus des biens déjà vendus par la nation et mentionnés précédemment, je trouve ce qui suit: Le 13 juillet 1775. « Sachent tous que de vous Illustrissime et révérendissime seigneur monseigneur Claude-Antoine-François Jacquemet Gauttier Daneise conseiller du roy en tous ses conseils et baron de Luçon, châtelin des Magnils-Reigniers, les Moustiers-sur-le-Lay et autres lieux.

Je Jean Bouet, journalier demeurant au Peux, paroisse des Moutiers, tiens et avoue tenir de vous roturièrement mon dit seigneur à cause de votre chatelenie des Moustiers-sur-le-Lay, les domaines qui suivent : une maison... à cinq sous de cens pour chacun an et fête de Noël et en outre au droit de vérolie pour les moulins bannaux et à la dixme de laine agneaux et gorans né et croissant sur les lieux, laquelle maison je tiens de rente des sieurs Servant. 11 journaux 1/2 de vignes... Lesquelles dites vignes vous sont sujette mon dit seigneur à la cinq^e et six^e parties des fruits pour droit de complant, et en outre à un denier de sollage par chaque journal et un denier de treuil le jour que l'on rend le dit complant.

Tous lesquels cens devoirs et complants sont nobles foutiers et féodaux portant fief et juridiction que je suis tenu vous rendre et conduire à votre recette au dit lieu des mouttiers savoir le complant en saison de vendange après avoir étés par gens de votre part complantés que je suis obligé de requérir et les cens en chaque feste de Noel ou autre jour qu'il vous plaise faire tenir votre recette. Qui sont tous les domaines que je tiens et avoue tenir roturièrement de vous mon dit seigneur que je vous rends par la présente déclaration, sauf icelle corriger sy le cas y échoit, laquelle j'ay fait écrire à ma requette au notaire de votre chatelenie du dit lieu des Moutiers, estant au bourg le 13 juillet 1775, leu au déclarant qui a déclarer ne savoir signer de ce requis.

Signé : Rivalland,

Controllé à Mareuil pour duplicata le 17 juillet 1775.

Signé : Lasnounier.

Autant de la présente déclaration a été rendue aux assises de la terre et seigneurie des Mouthiers-sur-le-Lay et Icelle remise et demeurée en mains du procureur fiscal pour y fournir des moyens — le tenir de la coutume sy le cas y échoit. Au Mouthiers-sur-le-Lay, ce 18 juillet 1775.

Signé : Tirianeau, greffier.

J'ai donné la copie de cet acte à titre de curiosité. J'en ai vu beaucoup d'autres rédigés sur le même modèle. L'évêque jouissant du revenu d'un territoire immense.

« Le 9 germinal, an VI, la Renardière, dépendant de l'ex-évêché de Luçon fut vendue à Le Mercier, demeurant à La Rochelle pour 92700 fr. au profit de Jean Rabaud.

Signé : Flavier Lemercier, Jean Rabaud, Maigneu, Pervinquier et trois illisibles.

Le même jour Jean Rabaud acheta, venant toujours de l'ex-évêché la métairie de la Peau de Dane pour 50200 fr. et St-Cérant acheta la métairie de Boissorin pour 198000 fr, ces deux dernières dans la commune de Ste-Pexine.

Le même jour Saint Cerant acheta pour 401100 fr. : Une maison appelée la matrice, un jardin contenant 80 toises, tenant du levant au jardin du citoyen Rabaud, du midi à celui de Malécot et autres, du couchant à Giraudet et un passage pour aller au jardin de Malécot, une très grande grange à foin dans la pièce des Sangles ; la pièce des Sangles en deux morceaux contenant 2 journeaux ; le pré Perrin cinq journeaux ; le pré Massé ayant passage un journal ; le pré Clos sur le pré du citoyen Gallé huit journeaux ; les deux prés de la Bretonnière trente journaux ; la Garenne plantée de bois taillis.

Signé : St Cérant, Maignen, Pervinquier et trois illisibles.

Le 9 germinal an X, à dix heures du matin, St Cérant acheta 11000 fr. : Le four banal consistant dans un grand appentif et un emplacement à déposer la fournille et joignant tenant du levant et midi au citoyen Rouzeau-Boissorin, du couchant à la rue qui va du port au champ de repos de la commune.

Signé : Les mêmes que ci-dessus » (1).

La maison de la matrice est devenue la propriété de Rabaud Charles, de Chauveau Ferdinand et enfin de Madame Laîné qui l'habite aujourd'hui.

Le four banal se trouve dans les bâtiments composant la propriété de Monsieur Léon Fortin, Maire.

## Vente de la maison curiale.

« Du 28 prairial, an IV.

Nous.... avons par ces présentes vendu et délaissé dès maintenant et pour toujours au citoyen Jean Rabaud, propriétaire, demeurant aux Moutiers-sur-le-Lay, à ce présent et acceptant pour lui, les siens et héritiers ou ayants cause, les domaines nationaux dont la désignation suit : La maison curiale des Moutiers-sur-le-Lay, bâtiments et jardin qui en dépendent et les bâtiments ap-

(1) Archives départementales.

pelés la vieille cure du même lieu avec une cour et une petite luzerne touchant le jardin de la maison principale, le tout ainsi que les susdits domaines se poursuivent et comportent et qu'en jouissait le ci-devant curé des Moutiers-sur-le-Lay.

Ces dits biens occupés actuellement par le citoyen Blanchard.

Cette vente est faite pour 4500 fr.

Signé : Jean Rabaud, Chaigneau, Pervinquier, Dillon, Maignen et trois illisibles. »

C'est la maison d'école actuelle des garçons transformée depuis, plus une portion de la place publique.

« Le 17 germinal, an VI, le même Jean Rabaud acheta deux lots de terres provenant de l'ex-fabrique des Moutiers-sur-le-Lay : le premier comprenant 17 boisselées vendu 19500 fr. ; le second d'une grandeur de 16 boisselées vendu 18900 fr. » (1). Ces biens se trouvaient entre le bourg et l'Oucherie.

## Vente d'un lot provenant d'un émigré.

« 17 germinal an VI.

Vente de deux maisons, douze boisselées de terres labourables, douze boisselées de terres en friche, un journal de pré et la prée de l'Oucherie, provenant de Mesnard la Barotière, émigré.

Robin de Bessay achète 21900 fr. au profit de Charles-François Malécot.

Signé : Robin, Malécot, Maignen, Pervinquière et trois illisibles » (2).

(1) Archives départementales,

(2) Archives départementales.

## Les Moutiers pendant la Révolution.

Les Moutiers ne trouvèrent pas grâce devant les sectaires de la Révolution et de la réaction. Dès le 23 mars 1793, plusieurs habitants de ce bourg se réfugiaient à Sainte-Gemme-la-Plaine, fuyant devant un attroupement de 50 insurgés qui arboraient le drapeau blanc sur l'église au cri de « Vive le roi ! » Aidés dans leur besogne par des indigènes, les Vendéens pillent les maisons des patriotes et se rendent à Bessay, Dissais et Corps, pour y soulever les populations. Un des plus fougueux révoltés, René Tablier, charron aux Moutiers, est arrêté et guillotiné à Fontenay, le 30 mars 1793.

« On se formait vite dans cette armée improvisée. A peine quelques semaines s'étaient-elles écoulées que mon père fut à deux reprises chargé d'aller avec 800 à 1000 paysans défendre la ligne du Grand Lay et soutint avec succès plusieurs attaques des républicains qui voulaient occuper Chantonnay Royrand, après sa victoire sur Marcé et voyant sa petite armée pourvue d'armes et de munitions, étendit ses mouvements sur les rives du Lay, jusqu'à Mareuil. Les populations se soulevaient à son approche. Toutes les paroisses jusqu'à Mareuil prirent les armes et Royraud fut reconnu le chef » (1). Le premier combat dont on parle plus haut eut lieu entre Saint-Vincent et le village de l'Oie, auprès d'un moulin appelé le moulin de la Guérinière.

« Pendant que les Vendéens prenaient la ville et le château de Thouars, les républicains, qui avaient deux divisions à Luçon et à Saint-Hermand, attaquaient à la fois Mareuil et le pont Charron, gardés par une partie de l'armée du centre.

(1) De Béjarry.

Sapinaud, chargé du commandement de Chantonnay, parvint à maintenir la seconde position, mais Mareuil fut forcé. La rivière du Lay restait toujours la défense des Vendéens. Des attaques, des escarmouches presque quotidiennes avaient lieu sur ses rives, que chaque partie cherchait à franchir » (1).

Huché écrit 28 mars 1794 (8 germinal.)

« Je te préviens commandant, que, par l'ordre que j'ai, il m'est ordonné de faire avancer tous les individus compris dans les communes dont je t'envoie le détail. Tu auras la plus scrupuleuse attention, mon commandant, de faire faire, avant l'évacuation des habitants, l'enlèvement des grains, fourrages et bestiaux de toute espèce, en te faisant fournir militairement les voitures attelées que tu pourras te procurer pour en faire le versement sur Luçon où les magasins sont préparés. Quant aux effets des habitants, tu leur ordonneras de les mettre à l'écart de leur domicile, de manière que l'incendie, que je t'ordonne, puisse les leur faire conserver. Tu tâcheras spécialement de faire démolir les fours, les moulins à vent et à eau.

La moindre omission d'un de ces deux objets est sous ta responsabilité rigoureuse ; car il faut employer envers les scélérats brigands tous les moyens qui tendent à l'anéantissement.

Tu préviendras les habitants de se retirer, partir avec toi et suivre tes colonnes, en leur assurant que, quiconque mépriserait l'exécution de cet ordre, s'il était rencontré dans sa commune après ton départ, serait fusillé sans rémission, de quelque sexe et de quelque âge qu'il soit.

Crois et tel qu'il est vrai, camarade, que je passerai ma revue et que d'après elle, je rendrai bon ou mauvais compte de ta conduite, de laquelle d'avance je suis agréa-

(1) de Béjarry.

blement prévenu, puisque tu fais partie des vrais républicains. Pénétré de ce sentiment, j'ose croire que tu n'écouteras ni prières, ni sollicitations; et que tu considèreras que l'envie de terminer une guerre déjà de trop de durée dans ce pays. C'est par sa fin que nous espérons nous faire redouter, à l'exemple de nos frères dans celle des tyrans couronnés qui peuvent être assimilés aux brigands. Salut et Fraternité.

HUCHÉ.

Au citoyens Bardou, commandant le poste des Moutiers-sur-le-Lay.

Il vous est ordonné de partir de suite avec votre bataillon sans sacs pour se rendre et passer à Féole, Pont-Charron, Chantonnay, Puybelliard, Sigournais, St-Germain, St-Vincent-Sterlanges, Ste-Cécile, St-Martin, St-Hilaire, la Réorthe, Simon-la-Vineuse, Puymaufrais, Ste-Pexine, la Jaudonnière et rentrer aux Moutiers-sur-le-Lay.

HUCHÉ.

Le même jour, le Commandant des Moutiers-sur-le-Lay répond : Conformément à tes derniers ordres, je n'incendierai qu'après de nouvelles ordonnances les communes en deçà du Lay. Nous sommes rentrés très tard après avoir incendié tous les villages voisins » (1).

Le 3 mai de l'année précédente, le général républicain Nouvion avait repris le grand pont des Moutiers, énergiquement défendu par les brigands, qu'il poursuivait jusqu'à Mareuil, mais qui, le 16, après l'attaque sur Fontenay, avaient repris leur position.

L'Assemblée primaire du canton de Mareuil s'est tenue le 21 juillet 1793 sous la présidence élue du juge de Paix

(1) Chassin. La Vendée Patriote.

Boulanger, Joseph Cortez secrétaire. Les 91 votants — dont quelques-uns des Moutiers — ont accepté la constitution « avec joie et à l'unanimité, signant tous, excepté les citoyens qui ont déclaré ne le savoir. » Jean-François Maulde a été nommé pour porter le procès-verbal à la Convention.

Lorsqu'en 1793, l'armée royale, partie de Chantonnay, chassant devant elle le général Tunq, se portait pour attaquer Luçon, elle le joignit le 30 juillet dans le bourg de Bessay. De part et d'autre on se disposa au combat. « Au pont de Mainclaye, le feu de l'artillerie républicaine oblige Charette à plier. De nombreux Vendéens sont sabrés sur le pont par l'ennemi qui s'y établit et arrête là sa poursuite et sa victoire. Son artillerie seule continua. L'armée Vendéenne perdit 3 à 4000 hommes. Des accidents de toute sorte étaient venus accroître le nombre des victimes. On s'écrasait, on se noyait. Une circonstance locale et fortuite aggrava la déroute. Un seul chemin conduisait du pont à Bessay ; il était étroit et encaissé. Au milieu était une fontaine. Les fuyards, dévorés par la soif, se précipitèrent pour boire. En s'amoncelant autour de l'eau, ils barrèrent le passage à une foule qui grossissait sans cesse. Fantassins et artilleurs se battirent. Un officier eut l'idée de leur dire que la fontaine avait été empoisonnée par les Républicains. La peur du poison fit plus que la consigne. Il fallut employer la force pour rétablir l'ordre. Les Républicains ne dépassèrent pas le pont.

Charette rallia son monde et fit sa retraite par la rive droite du Lay. Le reste de l'armée rentra pêle-mêle dans le bocage, soit par les Moutiers et Bournezeau, soit par Sainte-Hermine. La journée de Luçon resta une des plus regrettables pour la Vendée.

Baudry d'Asson fut tué dans ce combat » (1).

(1) De Béjarry.

Lors du renouvellement général des autoritées administratives et judiciaires du département, le citoyen Gallet figurait sur le tableau du 4 brumaire (25 octobre 1794) avec la mention suivante : « Gallet, Jean-Antoine, demeurant aux Moutiers-sur-le-Lay, 32 ans, agent de la régie générale jusqu'à la fin de 1788 ; depuis 1789 agriculteur, officier municipal, assesseur du juge de paix, administrateur du district de La Roche et du département de la Vendée ; depuis le début de la Révolution, constamment dans les places électives, a toujours été l'ennemi des tyrans, des ambitieux et des intrigants, a fait tout son possible pour parvenir au gouvernement républicain et le consolider. » (1)

D'après la légende, les cloches qui existaient au moment des troubles de 1793 auraient été descendues du clocher, brisées et jetées dans la fosse Brébaudet, endroit de la rivière très profond. Ce qu'il y a de sûr, c'est qu'avant la Révolution il y avait plusieurs cloches et après, pendant longtemps, on n'en mentionne qu'une.

Dans la nuit de Noël de chaque année, on entend les dites cloches lancer leur carillon au fond de l'eau.

## Baptême du duc de Bordeaux.

Le 10 mai 1818, le Conseil a voté 33 fr. pour solder une barrique de vin et un demi-kilogramme de poudre employés pour participer à la joie que cause à tous les Français le baptême de Mgr le duc de Bordeaux (2).

## Acquisition du château de Chambord.

Le 8 janvier 1821, le Conseil vote 25 fr. pour l'acqui-

(1) Chassin. La Vendée Patriote.

(2) Archives communales.

sition du domaine de Chambord qui doit être offert en don à Monsieur le jeune duc de Bordeaux « et sommes punis de ne pouvoir offrir davantage » (1).

### Constitution de 1848.

Le 17 novembre 1848, en l'honneur de la promulgation de la Constitution, le Conseil municipal vote 80 fr. pour distribuer du pain aux indigents de la commune (2).

### Louis Napoléon empereur.

Le 5 décembre 1852, le Conseil dépense 70 fr. employés à faire une distribution de pain aux indigents de la commune et un feu de joie sur la place publique : proclamation de Louis Napoléon, empereur des Français. (3)

Le 12 août 1866, le Conseil municipal, voulant témoigner de son profond attachement pour le Médiateur de l'Europe ainsi que pour son Auguste Epouse « la Sœur de Charité » et leur fils bien aimé « l'Espoir de la France », vote 50 fr. pour célébrer dignement la fête de l'Empereur (4).

### Attentat Bereyouski. *(un Polonais)*

« Profondément ému en apprenant l'odieux attentat qui vient de mettre en péril les jours précieux de Votre Majesté, le Conseil municipal de la commune des Moutiers-sur-le-Lay, Vendée, s'empresse de s'associer aux sentiments de la France entière en remerciant la Di-

(1) Archives communales.

(2) Archives communales.

(3) Archives communales.

(4) id.

vine Providence d'avoir conservé une vie aussi chère à la Patrie que nécessaire au maintien de la paix européenne.

A cette occasion et comme interprète de tous les habitants de cette commune, nous venons, Sire, vous prier d'agréer, la respectueuse assurance de notre dévouement et de notre fidélité à la Dynastie Impériale » (1). Le 10 juin 1867.

## Statue équestre de Napoléon.

Le 3 octobre 1852, le Conseil refuse de voter aucune somme pour l'érection de la statue équestre de l'empereur Napoléon, mais il ouvre une souscription le 12 du dit mois et elle produit 40 fr.

Le 27 février 1853, « le Conseil voulant coopérer dans la statue équestre de Napoléon 1er sont unanimement d'avis que M. le Maire soit autorisé à toucher et à verser entre les mains à qui de droit la somme de quarante-deux francs qui revient à la commune d'après le jugement qui a été rendu à Napoléon le 9 septembre 1852 contre le sieur Victor Ouvrard, cultivateur demeurant en cette commune, pour délit de chasse » (2).

## Un légionnaire des Moutiers.

Le 30 juillet 1832 est décédé à l'hôpital militaire de Paris Seguy, Jean-Michel, Garde à pied au 1er bataillon 1re compagnie d la garde municipale de Paris, membre de la Légion d'honneur, signalé sur le registre matricule sous le N° 72, né aux Moutiers-sur-le-Lay, le 5 novembre 1769 (3).

(1) Archives communales.

(2) Archives communales.

(3) Archives communales.

## Militaires cantonnés aux Moutiers.

Pour maintenir l'ordre pendant l'époque troublée de la Révolution, des soldats furent cantonnés aux Moutiers-sur-le-Lay et à Bessay, ainsi qu'en font foi les extraits suivants : « Le 14 germinal an III est décédé au bourg Claude Juthier, grenadier au 4e bataillon du Puy-de-Dôme cantonné aux Moutiers-sur-le-Lay.

Le 5 vendémiaire an IV est née Marie, fille d'Anne Pouillalcau et de François Fraigneau, caporal dans le bataillon de l'union, en garnizon à Bessay.

La 9 germinal an IV est né Jean-René, fils de Jean-Claude Drogret, lieutenant de la Cie No 1er du 2e bataillon de la 4e demi-brigade et de Anne Lanegraffe. Témoins : René Jolliet, sous-lieutenant, et Jeanne Choyau.

## Les Moutiers en 1844.

Cavoleau classe dans la grande vicinalité la route No 19 de Jard à la Châtaigneraie, destinée à établir des relations entre l'est et l'ouest. Il classe également le No 7 de Luçon à Rocheservière, par Bournezeau.

Dans le principe, les chemins vicinaux étaient tous de même espèce. La loi du 21 mai 1836 établit une différence : la petite vicinalité, et ceux d'une plus grande importance devaient prendre le nom de chemins de Grande communication.

Au point de vue des chemins, ajoute-t-il, la Vendée est tout à fait en voie de progrès et a mieux opéré que beaucoup de départements de son voisinage.

893 habitants. — 180 maisons. — 3 moulins. — 1 succursale. — 1 notaire.

## La Garde nationale en 1850.

« Le 17 mars 1850, le Conseil prie M. le Préfet d'autoriser M. le Maire à faire remettre les armes de la garde nationale à la mairie, les faire encaisser et conduire aux frais de sa commune dans un des arsenaux de l'Etat qui sera désigné par lui.

Les armes ont été soumises à une visite par les soins de M. le Directeur de l'Artillerie de la Rochelle autorisé à les recevoir » (1).

## Des noms.

Du 29 décembre 1669, inhumation du corps de Daniel Bonnenfant, sieur de la Coussaye.

Du 16 août 1672, mariage de Elie Buor, chevalier, seigneur de Villeneuve, de la paroisse de la Claye, avec demoiselle Félicité de Barbade, fille de feu Henri de Barbade, écuyer, seigneur de Chassenet, avec Anne Régnier.

Le 14 juin 1684 a été parrain haut et puissant messire Paul Bernard de Bessay, chevalier, comte du dit lieu de Bessay, et marraine demoiselle Charlotte-Marie-Madeleine de la Touche-Limouzinière, demoiselle de la Vergne-Greffeau, de l'enfant Jean Barnabé de Bien.

Le 30 avril 1698, dame Marie Rousseau, veuve de défunt maître François Chaignaud, sieur de la Poupardière, demeurait au bourg des Moutiers.

Le 20 novembre 1701, a été baptisé Jacques, fils de Guillaume Besson et Marie Guilbaud. Parrain et marraine : François Robelin et demoiselle Renée de la Bouscherie.

Le 26 avril 1720 a été baptisé Jean-Pierre-Louis-François, fils de maître Jean Rousseau, sieur de Boissorin, et de dame Judith Gérard.

Le 26 février 1782, mariage de Jacques Moreau de la Mentellerie, licencié en lois, fils de feu maître Paul Moreau, contrôleur receveur des domaines du roi et notaire royal, et

(1) Archives communales

de défunte Françoise de la Roy, avec dame Renée-Anne Billon du Cailletcau, veuve de feu Me Jean-Pierre-Louis-François Rousseau de Boissorin, avocat fiscal de Luçon, sénéchal de Champagné, tous deux de cette paroisse.

Le 1er novembre 1788 signe comme témoin et parrain de l'enfant Pierre-Henri Trenit, un nommé Aimé-Henri Chauveau, maître en chirurgie.

Maître René Roullet, chirurgien juré est décédé le 14 juin 1787, âgé d'environ 52 ans.

Le 19 mai 1792, signe Aimé-Henri Chauveau, chirurgien.

## L'église des Moutiers.

Malgré tous ses malheurs, l'église a conservé ses voûtes en pierres, soutenues d'espace en espace par des demi-piliers engagés dans le mur. L'ogive est peu prononcée ; elle forme la croix latine et au milieu du croisillon s'élève un lourd clocher dans le genre bénédictin. Le chevet droit est extérieurement orné de colonnes cantonnées avec entablement supporté par des figures grimaçantes, comme savaient en produire les pieux imagiers du moyen-âge. Les apôtres Saint-Pierre et Saint-Paul en sont les patrons titulaires.

Une des chapelles latérales connue sous le nom de chapelle de Brédurière fondée en 1717 « chargée de 4 messes par semaine, exempte de décimes et autres impositions » était à la présentation du seigneur de Brédurière. Le revenu de cette chapelle, dans laquelle fut inhumée, le 12 juin 1718, Henriette de Béchillon, dame des Palliniers, consistait dans une borderie à Corps, valant 150 livres.

On remarque encore dans l'église une tombe sur laquelle est gravé un triangle avec des étoiles et trois oiseaux.

« Le 26 juin 1688 a été bénite la grosse cloche, — donc il y en avait plusieurs, — laquelle a esté nommé Elizabet par messire Jacques Ragneau, chevalier, seigneur des Miniers et de la Bouchonnière et par damoiselle Marie Magdelaine Le Roux en foy de quoy jay signé avec M. Daniel L··nglois chanoine precepteur de l'église de Luçon et messire... chanoine archidiacre, grand vicaire de mouseigr illustrissime et révérandissime évesque de Luçon.

Signé : Jacques Ragneau, seigneur des Miniers, Marie Le Roux, J. Papillault, curé de la dite église des Moutiers, Langlois. chan. précep. de Luçon » (1). « Le 6 mai 1832, le Conseil est d'avis que la cloche — donc il n'y en a qu'une, — de l'église paroisiale, fêlée depuis un an, soit refondue et que son poids soit augmenté de 20 Kgr » (2).

En 1845, le maire arrête : « Il est expressément défendu de vanner du blé sous le ballet de l'église, que les personnes qui se permettront de le faire seront poursuivies vigoureusement » (3).

L'église possède actuellement trois cloches sortant du Mans et portant la date de 1870 : Petite, Marie-Jeanne-Virginie ; parrain : Jean Sablereau, marraine ; Virginie Guilbaud. Moyenne, Henriette-Joseph-Gabriel ; parrain : Olivier Pépin, marraine : Henriette Pépin. Grosse, Eugénie-Marie ; parrain, Gustave Daniel Lacombe, marraine : Eugédie Sablereau. Eugène Rivalland, Maire.

« Le 31 août 1884, le Conseil municipal, afin d'éviter tôt ou tard une catastrophe, approuve les plans et devis de M. Loquet, architecte départemental, pour la restauration de la charpente et du clocher de l'église, vote 3000 fr. pour la part de la commune et demande que la fabrique soit autorisée à emprunter 3000 fr. pour le même objet, sollicite une subvention de 2000 fr. du départe-

(1) Archives communales.
(2) Archives communales.
(3) Archives communales.

ment. Pour couvrir la dépense communale, cinq centimes additionnels sont votés le 20 septembre 1884 pour 15 ans et autorisation est donnée à la fabrique d'emprunter 4000 fr. au Crédit foncier.

Ste-Pexine, réunie aux Moutiers pour le spirituel depuis la Révolution, refuse de venir en aide aux Moutiers et le 26 octobre 1884 le Conseil demande que la commune de Ste-Pexine vienne en aide dans la dépense ou se fasse distraire de celle des Moutiers pour le culte.

Le 18 mars 1885, le Conseil municipal maintient son vote de 3000 fr. et ouvre une souscription privée qui atteint 1000 fr. Le Conseil offre donc 4000 fr., la fabrique autant. Il demande 2000 fr. au département et, dans la prévision d'une catastrophe prochaine, décide l'interdiction immédiate de la sonnerie de 2 cloches sur 3.

L'église fut parfaitement restaurée.

## Visite épiscopale de Mgr de Mercy le 8 avril 1774

« Les Moutiers-sur-le-Lay, Boursier, prieur curé.

Avons observé... que l'église est bien tenue et proprement décorée... qu'il faudrait boiser le chœur ainsi que le sanctuaire, qu'il n'y a qu'un confessionnal, etc...

Bénéfices :

1° Le prieuré chargé d'une messe par an et d'une première messe les fêtes et dimanches. Revenus, 700 livres, que nous avons réuni à la cure.

2° La chapelle de la Roquerie à la disposition de l'évêque chargée d'une messe par semaine arrentée par M. Billaud, curé de la Réorthe, qui est titulaire pour 100 livres, sa vie durant, mais qui vaut 300 livres.

3° La chapelle de la Fraizandrie à la présentation de M. de la Tribouille, chargée d'une messe par semaine. Revenus, 140 livres.

4° La chapelle des Arguias à la présentation du seigneur des Arguias, chargée de 2 messes par semaine. Revenus, 140 livres.

5° La chapelle de Brédurière, qu'on dit fondée en 1717, chargée de 4 messes par semaine, exempte de décimes et autres impositions à la présentation du seigneur de Brédurière et à l'Evêque, dont tout le revenu consiste dans une borderie à Corps valant 150 livres.

Cette chapelle domestique est bien tenue et bien fournie.

Une confrairie de la Charité ayant pour revenu 4 boisseaux de seigle sur les Couffardières et 40 livres en argent, produit d'un fond placé sur le clergé général de France.

Charges de la Cure une messe par semaine pour la réunion de la sacristie dépendant du chapitre fondé sous Mgr Boutaud. Une messe tous les lundis pour feu M. Graiseau, pour laquelle le curé reçoit 30 livres de M. de la Glaye. — 3 services et 3 messes à Noël, Pâques et la Toussaint, pour feu Jacques Graiseau; l'office des morts et une messe au mois de mars. — Une grand'messe le 6 décembre avec l'office des morts. — 5 messes basses, un *libera* au cimetière le jour de la Toussaint, avec l'oraison *Deus qui indulgentiarum*, pour Catherine Bonenfant. — Deux services et une messe chantée par an pour MM. Papillaud. — 2 messes de *requiem*, une le 12 et l'autre le 26 novembre pour les seigneurs de Brédurière. — Une messe chantée le 27 octobre pour M. Desminières la Bouchonière. Revenus de la paroisse, trente boisselées de terres en divers lieux, affermés 135 livres, 20 idem affermés 50 livres, 6 journaux de prés valant 150 livres. — Une rente de 24 livres, sur la métairie de la Touche, par la veuve Aulneau, pour entretenir la lampe. Oblations, 35 livres, les bancs 6 livres.

Elle donne au sacristain 12 livres. — 50 livres au régent.

Le chapitre de Luçon à cause du prieuré de la Proutière, ce prieur aux droits duquel est le 1er curé, perçoivent avec l'Evêque la dîme dans la paroisse » (1).

## Visite de Mgr de Mercy en 1777 et 1778.

« Le prieuré des Moutiers ; 1 messe par an et 1 messe les fêtes et dimanches, 700 livres, Mgr de Mercy la réunit à la cure. Chapellenie de la Roquerie ; l'évêque nomme, 1 messe par semaine, 300 livres. Chapellenie de la Faisandrie ; M. de la Triboüille, 1 messe par semaine, 140 livres. Chapellenie des Arguias, revenu 140 livres, 2 messes par semaine. Chapelle domestique de Brédurière, fondée dit-on en 1717 ; le seigneur de ce lieu, 4 messes par semaine, la chapelle est bien tenue.

Confrérie de la Charité.

Fabrique : 360 livres,

Le curé des Moutiers perçoit la dime dans la paroisse de Ste-Pexine » (2).

## Noms des Curés

Galland ou Gaillard, Pierre, en 1568.

Grailaud, de 1658 à 1668.

Paradis François, prieur de 1658 à au moins 1680.

Papillault, Jehan, de 1668 à 1677, décédé aux Moutiers le 19 septembre 1677.

Le registre de 1670 porte : « Veu le 25 octobre 1670, Nicolas év. de Luçon. »

Celui de 1673 : « Veu par nous dans le cours de notre visitte de la paroisse des Moustiers le 20e aoust 1673.

Henry Ev. de Luçon ; suivent 16 croix. »

(1) Archives de l'Evêché.

(2) De La Fontenelle.

Dans l'acte de décès de Jehan Papillault je trouve indiqué un maître Louis Legeay presbtre, demeurant en cette dite paroisse.

Le 28 septembre 1677, signe au registre des baptêmes Pierre Collin presbtre curé de Sainte-Pexine qui vient de baptiser Jeanne Pellon.

Le 23 décembre 1677 signe César Godrau, faisant les fonctions de curé de cette paroisse.

Moreau Nicollas, en 1678 jusqu'au mois d'août.

Ayrault Jacques, de 1678 à 1725; a été inhumé dans le cimetière de cette paroisse.

Le registre de 1680 mentionne: « Veu le 22e novembre 1680, Henry Ev. de Luçon. »

« En 1681, le 26 janvier, est décédé maistre Pierre Choyeau presbtre et sacristain de cette paroisse, après avoir reçu le saint viatique des mains de maistre Jacque Ayrault curé et inhumé par François Paradis presbtre prieur. »

Le 21 mars 1707 signe un Pennard, prieur des dits Moustiers.

Le registre de 1696 porte: « Veu le 18e may 1696, Henry, Ev. de Luçon ».

En 1721 signe un de Granges, prieur des Moutiers-sur-le-Lay, décédé en janvier 1729, âgé de 31 ans.

Le 16 septembre 1723, signe un Bouin, prestre.

Le 15 février 1724 signe un Du Peinquer Cormen, prêtre vicaire des Moustiers-sur-le-Lay.

Le 1er octobre 1724 signe un L. Chevallereau prestre desservant aux Moutiers-sur-le-Lay jusqu'en 1728; il signe alors prestre curé de Bessay: 29 mars.

Paynot, de 1728 à 1746.

Le 6 avril 1728 signe: P. Siméon, prêtre capucin.

Le 3 may 1728 signe Fr. Anastase de Buhevel prestre prédicateur, missionnaire, capucin.

Le 6 février 1729, signe F. Jérôme de Vannes, prêtre capucin de Luçon.

Le 13 octobre 1729 signe F. Didace, prêtre capucin.

Le 27 janvier 1730 signe F. P. Gabriel de Pardie, capucin.

Le 25 décembre 1729, a été inhumé Louis Mahyet, prêtre, bachelier en Sorbonne, originaire de la paroisse de Saint-Georges-de-Roullay, diocèse d'Avranches.

En 1730 signe un Trastour, vicaire.

Le 5 octobre 1732 signe F. Robert de Saint-Brieuc, capucin.

Le 7 octobre 1732 signe Deñ, vicaire.

En 1734 signe un de Latreille, prêtre vicaire.

En 1736 signe La Boullais, prêtre vicaire.

Le 4 janvier 1737 signe un Jérôme Connell prêtre irlandais.

Le 24 février, il signe desservant du prieuré dans l'absence de M. Paynot, curé de la même paroisse,

Le 5 juillet 1737 signe un Kernan, prêtre hyrlandais.

Le 10 décembre 1737 signe F^e^ Marc, procureur des carmes de la Flosselière.

Le 2 septembre 1738 signe un Désainjean, prêtre aux Moutiers-sur-le-Lay.

Le 12 avril 1739 signe un Garnier prêtre.

Le 24 novembre, il signe prêtre desservant du prieuré jusqu'en 1744. Roullet signe ensuite comme prieur; je retrouve cependant la signature de Garnier, avec la même qualité en 1762.

Il est décédé le 14 février 1765 prêtre desservant l prieuré de ce lieu, âgé d'environ 54 ans.

Le 17 novembre 1745 et au mois de janvier 1746 signe f. Josaphat de S^t^-Malo, prêtre capucin.

Béga, curé, de 1746 à 1754.

Le 16 avril 1754 a été inhumé dans le cimetière de ce

lieu le corps de messire François Begua, vivant prêtre curé du dit lieu, âgé de 31 ans ou environ en présence des soussignés : Bourichon, curé de la Vineuse, Peraudeau, curé de Saint-Ouën, Boissorin, curé de Château-Guibert, Gratton, curé de Dissais, Roullet, p[r] des Moutiers, Zoché, curé de Ste-Pexine, illisible, curé de Bessay.

Le 27 mai 1754 signe un Giraud Augustin, vicaire, régent des Moutiers-sur-le-Lay. Au mois d'août, il signe comme curé jusqu'en 1764.

En 1757 un Caillé, v[re] des Moutiers signe en remplacement du curé Giraud.

Le 2 octobre 1757 signe un Guignard, vicaire des Moutiers-sur-le Lay.

Le 18 février 1764 a été inhumé dans le cœur de l'église de ce lieu le corps de messire Pierre Louis Giraud, religieux de l'ordre des Augustins, curé de cette paroisse, âgé de 61 ans.

Boursier, Pierre, de 1764 à 1792 et de mars 1805 à 1815.

Le 14 janvier 1769, signe un Léonard, prêtre vicaire.

Le 11 mars 1777 signe Dolbecq prêtre hebdomadier de l'église cathédrale de Luçon.

En 1780 et 1781 signe un O Hara, vicaire. Au mois d'octobre 1782 signe un Sullivan, vicaire des Moutiers.

En 1783 signe un Ragouneau, vicaire.

En 1785 signent Duchemin, prêtre, hebdomadier, un Lansier, prêtre, Robin et Chauvet, vicaires.

En 1787 signe Du Royer, vicaire.

En 1788. 1789, 1790, 1791 signe : Vacquette de Lamairie, vicaire.

« Monsieur le cure Pierre Boursier ayant refusé de

(1) Je dois ces renseignements à l'obligeance de M. E. Bourloton.

prêter le serment prescrit par la Constitution civile du clergé, quitta sa paroisse à la fin de juin 1792 et se retira auprès du curé de Chavagnes. Lors de la promulgation de la loi de déportation des prêtres insermentés, le 26 août 1792, il dut se cacher ; il ne cessa d'ailleurs d'habiter les environs, disant la messe dans des granges, dans les tonnelles, non loin de la grotte de Saint-Bris, et dans les paroisses voisines privées de leurs pasteurs. D'autres prêtres fidèles, restés comme lui en Vendée, le suppléèrent souvent dans le ministère.

M. Boursier continua, tant qu'il fut nécessaire, son ministère caché ; il fit des mariage et des baptêmes, dont les actes existent ; après le coup d'Etat jacobin de fructidor, il refusa le nouveau serment et fut dénoncé ; on ne put l'arrêter qu'en brumaire, an VIII. Emprisonné à Luçon, il fut condamné à la déportation à la Guyane, et il allait être dirigé sur Rochefort pour y être embarqué quand, quatre jours plus tard, le coup d'Etat de Bonaparte, le 18 brumaire, mit fin au régime, très dur pour beaucoup, qui pesait sur la France » (1). M. Boursier revint donc tranquillement aux Moutiers, y fut maintenu comme curé après le Concordat. Il abandonna ses fonctions en décembre 1814 et il est décédé aux Moutiers le 8 avril 1815, à l'âge de 72 ans.

Je trouve M. Boursier en 1794 à Rochetrejoux, rédigeant les actes de baptêmes, mariages et sépultures faits par lui dans les paroisses de Rochetrejoux, Chassay, Saint-Prouant, etc...

Blanchard, Jean-Bernard, de la fin de juin 1792 an 21 ventôse an II.

Ce Blanchard était vicaire à S^te^ Pexine alors que Blanchard, Cosme-Damien, y était curé : inhumé le 31 mars 1782, âgé de 67 ans, dans le cimetière de cette paroisse.

Jean-Bernard devint curé de S^te^-Pexine à son tour, et

à la fin de 1792, je le trouve signant aux Moutiers comme curé de Sainte-Pexine et desservant de la paroissse des Moutiers.

Il a prêté le serment à la Constitution le 21 octobre 1792 — exigé par la loi du 15 août — dans le salon de la cure de Ste-Pexine en disant à haute voix qu'il jurait d'être fidèle à la nation et de maintenir de tout son pouvoir la liberté et l'égalité ou de mourir à son poste, et a signé : Blanchard, curé de Ste-Pexine, et notable (1).

Il vint ensuite habiter la cure des Moutiers comme curé constitutionnel Son sort fut assez précaire. Il était mal vu et n'avait pour partisans que ceux qui ne voulaient pas de messe ou qui étaient indifférents. Lorsque la Convention abolit tout culte public, M. Blanchard abdiqua le 21 ventôse, an II, en même temps que Bichon, curé de Foussay. Le 4 nivôse suivant, il fut nommé receveur du district. Il est adjoint de l'agent municipal en l'an VI. Je le retrouve en l'an IX et en l'an X, instituteur et secrétaire de mairie à Mareuil. Il est décédé le 13 janvier 1811, fermier de la terre de la Jaubretière et maire de Bellenoue depuis 1806, âgé de 64 ans.

Chacun, de 1816 à 1871, mort et enterré à Chavagnes-en-Paillers, l'année même de son départ.

Orveau, Raphaël, vicaire, de 1858 à 1871, mort et enterré en cette paroisse le 17 février 1871.

Le 14 février 1858, le Conseil vote 100 fr. par an pour le nouveau vicaire, aidant M. Chacun, desservant. M. le Maire a exposé : « Qu'il y avait plus de 40 ans que M. Chacun était notre desservant, que nous n'avions eu que de bons rapports avec lui, que vu son grand âge et le désir de terminer ses jours parmi nous il proposait qu'une somme de cent francs par an soit accordée à son vicaire. »

(1) Papiers de M. Nassivet.

Le 10 mai 1864, le Conseil refuse « l'érection d'un vicariat par 9 voix contre une, d'autant plus qu'il y a une quinzaine d'année la paroisse des Moutiers se composait de trois communes : les Moutiers, Bessay et Ste-Pexine ; la commune de Bessay ayant été retranchée un seul desservant peut suffire. » Il vote quand même 100 fr. au desservant pour marquer « à notre digne et vénérable pasteur notre estime et notre reconnaissance et pour lui venir en aide. »

Ce vote de 100 fr. se renouvela sans doute jusqu'au départ de M. Chacun.

Brechoteau, François, du 26 novembre 1871 au 14 septembre 1900, mort et enterré l'année suivante à St Florent-des-Bois.

Jobard, vicaire, janvier à mai 1872.

Collanget, vicaire, de novembre 1872 à avril 1875.

Barreteau, d'avril 1875 à août 1876.

Guillery, Marius, de janvier 1900 à septembre 1900.

Lussaud, Léon, curé, du 16 septembre 1900. A vu son traitement supprimé en 1902.

## Presbytère

Après son abdication, Blanchard continua d'habiter la maison curiale vendue en l'an IV.

Lors de sa réintégration aux Moutiers, M. Boursier logea dans une maison appartenant à sa famille. Puis enfin le Conseil loua un logement convenable.

« Le 28 juin 1818, le Conseil est d'avis d'acheter l'antique maison Delarbre, marchand de bois, pour procurer un presbytère à la commune des Moutiers-sur-le-Lay, l'ancien ayant été vendu dans la Révolution. Le sieur Champaud, expert de M. Delarbre, et le sieur Pépin, expert choisi par l'Assemblée, sont chargés d'estimer. »

La maison fut estimée 4200 fr. et les réparations nécessaires 5280 fr.

Le 11 juillet 1819, le conseil regardant le prix de l'acquisition exorbitant, de même que le devis montant à une somme de 8710 fr. 97, trouvant la position peu convenable, rejette le tout, d'autant que M. le Desservant est logé pour 2 ans. »

« Le 5 mars 1820, 3 membres sont d'avis qu'il n'est dû aucune indemnité à M. Delarbre, 5 sont d'avis qu'elle soit accordée, 1 demande qu'elle soit réglée à dire d'expert ». Les locataires de la maison Delarbre l'avaient abandonnée après la séance du 28 juin 1818.

Le 19 mars 1820, le Conseil est réuni « pour délibérer sur les moyens à prendre à procurer un logement au desservant de la succursale des Moutiers-sur-le-Lay ; après avoir fait toute recherche possible, nous avons reconnu que le seul moyen de loger convenablement le desservant est de prendre d'office l'ancienne cure à titre de ferme, et entrer en jouissance le 1er novembre 1823 époque à laquelle expirera le bail des fermiers actuels ; nous demandons que M. le Sous-Préfet nous fasse autoriser à ce qu'à dire d'expert le sieur Morineau, propriétaire de cette maison, soit contraint à l'affermer à la commune des Moutiers-sur-le-Lay, ne l'habitant pas. Moi, dit Rabaud, voyant que l'acte est arbitraire, je vote contre la délibération. »

« Le 5 juillet 1824, le Conseil est réuni pour délibérer sur les moyens de procurer un presbytère à la succursale des Moutiers. M. le Maire propose d'acquérir une maison sise dans le bourg, très logeable et peu éloignée de l'église, appartenant à M. Boursier, curé de Thiré, qui consent à la vendre pour 6000 fr. A l'unanimité M. le Maire est autorisé à consentir ce marché. »

L'acte a été passé par devant Me Jousserant, notaire à Sainte-Hermine, le 23 novembre 1825 et enregistré à Ste-Hermine le 24 novembre de la même année.

Le vendeur, Boursier, Damase, était le neveu de l'ancien curé Boursier. Comme clause de l'acte, la commune doit payer une rente de 12 fr. 50 de rente foncière annuelle et perpétuelle faisant portion d'une rente de 50 fr. à M. Barbier de Ste-Gemme, reconnue par titre nouveau passé par devant nous Me Chauveau notaire le 20 décembre 1806. En 1806, cette maison appartenait de fait à Mme Esprit Claire Métivier, veuve du sieur André Caillaud, demeurant aux Moutiers qui l'avait acquise de M. Jean-Pierre-Louis-François Rouzeau-Boissorin, à charge par cette dite dame de servir annuellement une rente de 50 fr., à Victor-Alexandre Barbier, précédent propriétaire. Rouzeau-Boissorin vendait à Mme veuve Caillaud le 3 mars 1773, acte reçu à Mareuil par maître Lasnonnier.

A sa mort, Pierre Boursier ne laissait que des meubles. Boursier, Damase, desservant à Thiré, avait probablement hérité de sa famille qui comptait ici plusieurs membres à la Révolution.

Cette maison, vendue 6000 fr., est le presbytère actuel : Nos 65, 66, 67 et 73 de la Son D.

« Le 22 mars 1825, le Conseil s'impose de 5000 fr. et demande 1000 fr. au gouvernement pour payer la maison Boursier. Les droits d'enregistrement et les honoraires du notaire furent votés le 6 novembre 1825. »

« Le 7 juin 1828, le conseil nomme Jean Champaud expert devant estimer conjointement avec les experts des communes de Bessay et de Ste-Pexine la location de notre presbytère afin que chaque commune soit assujettie à payer la part du prix de location du dit presbytère. »

## Cimetière.

Autrefois le cimetière s'étendait à l'est et au sud de l'église et du prieuré. Sous Louis XV, je le vois indiqué en deux parties aux quatre routes : le Grand n° 43, section D ; le Petit n° 93, section D.

Le 1er mars 1818, le Conseil municipal demande à obtenir une ordonnance qui autorise la commune des Moutiers-sur le-Lay à vendre son cimetière et à acheter un terrain du sieur Gallet.

Le grand cimetière fut vendu à M. Angibaud, de la Lande, pour 2000 fr. et le petit à Chenu, au bourg, pour 460 fr., à la date du 10 janvier 1820, conformément à l'ordonnance du roi du 6 octobre 1819. Les propriétaires des tombes qui se trouvent dans les cimetières avaient jusqu'au 10 avril pour les enlever.

D'après l'autorisation du roi, même ordannance que ci-dessus, le conseil a acheté, du sieur Gallet, un terrain situé au-dessus le rocher du Pû, pour 200 fr. : cimetière actuel, n° 543 de la section B.

## Mutualité.

Par arrêté ministériel, en date du 26 juin 1900, une Société de secours mutuels, portant le n° 166, fut établie dans la commune des Moutiers-sur-le-Lay.

Elle a pour but :

1° De donner les soins du médecin et les médicaments aux membres participants malades ;

2° De leur payer une indemmité pendant la durée de leurs maladies, suivant les conditions prescrites par les statuts ;

3° De pourvoir à leurs funérailles ;

4° De constituer une caisse de pensions viagères de retraites, conformément à la loi du 1er avril 1898.

Les membres participants paient une cotisation mensuelle de un franc.

Le minimum de la souscription des membres honoraires est de six francs par an.

Président élu par acclamation et à l'unanimité pour 5 ans : M. Fortin, Léon, Maire, Conseiller Général.

Sont élus :

Boudaud, Vice-Président ;

Gluard, Secrétaire ;

Deligné, Eugène, Trésorier ;

MM. Bonnin, Benjamin, père ; Rabaud, Benjamin ; Jousseaume, Olivier ; Chevallier, Benjamin, comme administrateurs, et MM. Maratier, Georges, et Drapeau, Benjamin, comme commissaires.

La Société compte actuellement 153 membres.

Le groupe cantonal des anciens combattants est représenté aux Moutiers-sur-le-Lay par 17 ou 18 personnes.

Président du groupe cantonal : Dr Fortin, déjà nommé.

Enfin la Société de prévoyance « La Fourmi » y compte égalements quelques membres.

Représentant : Rochet, Victor, propriétaire, Délégué cantonal.

## Police.

Le 5 novembre 1820 est réuni le Conseil « pour délibérer sur les plaintes portées contre la conduite et l'inexactitude du sieur Robert, André, garde-champêtre. Tous les membres sont d'avis qu'il perde sa place et en conséquence Robert, André, est déchu de ses fonctions. »

Le 10 décembre 1820 est nommé garde-champêtre Jacque Valoteau, garçon farinier de ce bourg, pour entrer en fonctions le 1er janvier 1821.

Un nommé Guériteau remplaça Valoteau le 17 juin 1825 ; il était cordonnier.

Le 21 juin 1830, Sourisseau, Jean, homme probe et digne, est nommé garde-champêtre en remplacement de Gériteau, reconnu incapable.

Roturier, Jean, remplaça Sourisseau qui est malade le 28 août 1842.

Pénisson, Pierre, sabotier, prend la place pour trois mois. Un nommé Aujard succède à Pénisson,

Chevallier, Henri, vient ensuite, lequel, en 1888, est reconnu incapable de continuer ses fonctions, par suite de son grand âge et de ses infirmités.

Marc, Pascal, a été nommé garde-champêtre le 18 mars 1888 avec effet du 1er avril suivant. Agréé par M. le Préfet à la date du 31 mars 1888. C'est l'officier de police actuel.

Cet agent touche : 200 fr. en 1842 ; 260 fr. en 1855 ; 280 fr. en 1863 ; 300 fr. en 1867 ; 320 fr. en 1875 ; 360 fr. en 1893, pour continuer.

## Notaires.

Dès son arrivée aux Moutiers, en 1754 Hyppolite Rivalland signe comme notaire et régent. Il exerçait alors ces premières fonctions au moyen de lettres patentes, car l'étude ne fut fondée qu'en 1806, en exécution de la loi du 25 ventôse an XI. A partir de 1792, il abandonna les fonctions de régent.

Le 14 mai 1762 il passa un acte « en une pièce de terre appelée Brébaudet, joignant le jardin de la cure des Moutiers-sur-le-Lay. Sa maison devait toucher ou être comprise dans les bâtiments appartenant aujourd'hui à M. Gauvrit.

En 1767, il signe comme notaire de « la châtellenie royale des Moutiers-sur-le-Lay, en la maison de la Saulnerie, ma demeure. »

Le 10 mai 1790, il signe comme notaire de « la châtellenie et abbaye royalles de Notre-Dame de Trizay et l'acte a été passé en cette abbaye. »

Chauveau, Philippe-Ferdinand, père, de 1806 à 1834.

Chauveau, Ferdinand, de 1834 à 1849.

Verdon, Marie-Prudent, de 1849 à 1868.

Gouin, Ariste, de 1868 à 1901.

Nicaud, Ferdinand, beau-frère du précédent, de 1901.

## Divers renseignements.

La Charouillière de Bessay, les bâtiments touchent le Lay et la limite de la commune des Moutiers. Sur un mure, on lit : AI DIESAP. RIT. 1468.

Un de Grimoire, Charles, possédait la Charouillère en 1820. Passée à Gallet, veuve, née Cortez, à Mareuil, et ensuite à Charrier Louise, veuve Tison de la Hautière à Napoléon-Vendée. Aujourd'hui propriété de M. Fortin, Maire des Moutiers.

Le 1er octobre 1825, la chambre municipale est dans la maison de M. Boursier, 20 fr. de loyer.

Le 13 novembre de la même année, le Conseil achète un meuble pour recevoir et loger les papiers et archives de la mairie pour 30 fr.

Le 12 mai 1830, le Conseil est d'avis que le maire soit autorisé à affermer la place publique aux particuliers qui en jouissent pour que le produit du prix de ferme soit porté au budget.

Le 6 mai 1842, le Conseil demande l'acquisition d'une horloge, l'ancienne étant totalement en ruines.

Le 6 juillet 1856, le Conseil vote 800 fr. pour l'acquisition d'une horloge, l'autre est usée.

Le 7 novembre 1888, il contracte un emprunt de 1100fr. pour le même objet.

Le 12 mars 1893, le Conseil accepte la mitoyenneté du

mur entre la cour de l'école des filles et le jardin de M. Fortin, propriétaire riverain.

Le canton de Mareuil est représenté au Conseil Général par M. le Docteur Fortin, Maire des Moutiers-sur-le-Lay, né à Guéméné (Loire-Inférieure), époux de Sablereau, Eugénie-Marie-Françoise, fille de Sablereau, Jacques, et de feue Sourisseau, Marie-Françoise. A l'âge de 7 ans, Mme Fortin hérita de M. Rouzeau-Boissorin, propriétaire aux Moutiers-sur-le-Lay, d'à peu près tout le domaine occupé maintenant par elle et sa famille, en cette commune.

M. Buet, père, est conseiller d'arrondissement ; il réside à Mareuil même.

Traitement du secrétaire de mairie : 80 fr. en 1861 ; 100 fr. en 1874 ; 150 fr. en 1877 ; 175 fr, en 1885 ; 200 fr, en 1889 ; 230 fr. en 1890 ; 250 fr. en 1895 ; 275 fr. en 1897 ; 280 fr. en 1902.

## Recette buraliste.

Un bureau de tabac existe depuis longtemps aux Moutiers-sur-le-Lay. La famille Rivalland le gérait jusqu'en 1852. Le 26 mai de cette année une recette buraliste fut établie et confiée à Gluard, François, jusqu'en 1882. Depuis Chevalier, Louis, en est le titulaire.

## Instruction publique.

La première école des Moutiers paraît avoir été tenue par un prêtre, Giraud, Augustin, qui signe vicaire régent des Moutiers-sur-le-Lay, le 27 mai 1754.

Bientôt il s'adjoint Hyppolite-Antonin-Jérôme Rivalland qui va le remplacer complètement.

Le 12 juin 1764, il est indiqué précepteur de la jeunesse.

Mairand, Jean-Baptiste, le remplace en 1787. Il devient le gendre du précédent en 1789. Le père de ce Mairand était instituteur aux Magnils-Reigners.

Entre l'an IV et l'an VII, Rivalland, Charles, fils d'Hyppolite, devient instituteur aux Moutiers, marié à la sœur du précédent.

Son fils, Jean-Batiste-Eugène, l'aide en 1829 et lui succède jusqu'au 19 septembre 1859, date de l'installation de Rivalland, Eugène, fils.

Le 13 mai 1888 « M. Rivalland, instituteur et secrétaire du bureau électoral, s'est permis de dire et annoncer au conseil formé pour la réception des votes qu'il était inutile de voter pour M. Gouin, notaire, attendu qu'il n'était pas éligible en sa qualité de juge suppléant au tribunal de paix du canton de Mareuil » (1).

M. Gouin demanda la nullité de l'élection du 13 mai et ce à la date du 18.

Le 23 juin 1888, le conseil de préfecture annula les opérations électorales auxquelles il avait été procédé le 13 mai 1888 dans la commune des Moutiers-sur-le-Lay.

Comme conséquence de cette affaire, M. Rivalland, à la veille de sa retraitre, fut envoyé à Saint-Michel-Mont-Mercure, où il resta deux ans et prit sa retraite.

M. Léger, Benjamin, nommé le 16 juin, remplace M. Rivalland le 18 juin 1888 ; il est décédé subitement le 17 janvier 1903, dans le jardin de l'école. M. David, Louis, est nommé aux Moutiers le 23 janvier 1903.

La maison d'école des garçons a été achetée de Morineau de Bournezeau le 17 mai 1843 pour 11900 fr. Le Conseil a voté 4215 fr. pour la réparer et l'Etat a accordé une subvention de 4600 fr. n[os] 120 et 121, de la section

(1) Archives communales.

D. Vingt-deux ares du jardin ont été revendus en 1846.

Le 15 février 1880, le conseil municipal demande la création d'un poste d'Instituteur-adjoint et la construction d'une salle de classe.

Le 18 juillet 1880, le conseil vote 2200 fr. pour agrandissement de la maison d'école des garçons et demande une subvention à l'Etat de 4400 fr.

Le 18 avril 1881, il vote 2900fr. et sollicite une subvention de 6600 fr. pour le même objet.

Le 19 mai 1886, le conseil demande la suppression du poste d'Instituteur-adjoint et la réunion du groupe scolaire des garçons et des filles à la maison communale pour la rentrée des prochaines vacances. Cette délibération a été annulée par le conseil de préfecture.

Le 4 juillet 1886 même vote et, en plus, il demande une classe mixte enfantine dont la direction serait confiée à une institutrice communale et à une adjointe. Ce vœu n'a pas eu de suite.

Les instituteurs-adjoints passés aux Moutiers sont :

Lassourd, du 1er au 25 octobre 1880 ;

Fortin, Honoré, du 25 octobre 1880 au 29 mars 1883 ;

Bouard, Louis, du 29 mars 1883 au 1er février 1884 ;

Queté, du 1er février 1884 au 1er octobre 1886 ;

Allain, Pierre, du 1er octobre 1886 au 19 novembre 1888 ;

Guibourgeau, du 19 novembre 1888 au 22 septembre 1894 ;

Borianne, du 22 septembre 1894 au 1er octobre 1902 ;

Petit, Josep, du 1er octobre 1902.

Jusqu'en 1853, garçons et filles étaient réunis à la même école.

Le 9 octobre 1853, « M. le Maire a exposé que M. le Recteur de l'Académie de la Vendée venait de désigner une institutrice pour les Moutiers et invitait la commune à lui fournir un traitement et un local convenable, dont la dépense de l'un et de l'autre s'élève à une somme de 200 fr. pour chaque année. » Le Conseil vote une imposition pour faire ces 200 fr.

Le 8 juillet 1855, il vote 140 fr. pour achat du mobilier de l'école des filles installée dans la maison appartenant à l'institutrice. Le 7 novembre 1858, dix franc sont votés pour « le loyer d'un poêle. »

Le 25 août 1867, le conseil est d'avis que les deux écoles établies et spéciales, l'une aux garçons, l'autre aux filles, suffisantes pour le moment, soient conservées.

En 1868, cent francs sont votés pour le loyer de la maison d'école des filles.

En 1869, M. Sablereau ne veut plus louer sa maison et il n'y en a pas une autre qui convienne dans le bourg. C'est pourquoi le Conseil municipal propose d'établir la classe des filles dans la cuisine de l'instituteur et vote 100 fr. pour faire faire sous le hangar de l'école des garçons une cloison en briques avec une ouverture, pour une année seulement.

Le 11 décembre 1881, le Conseil municipal « considérant qu'il n'y a pas actuellement de local convenable, que d'ailleurs les petites filles sont reçues gratuitement à l'école congréganiste, demande un peu de réflexion et prie M. le Préfet de vouloir bien attendre quelque temps, afin qu'il avise à l'entretien d'une école publique de filles. »

Le 5 janvier 1882, le conseil vote le principe de construction d'une école publique de filles. Il abandonne pour la construction de cette école le jardin supplémentaire de M. le curé, sur la route de Mareuil, et décide que les centimes extraordinaires et les prélèvements opérés sur les revenus ordinaires pour le service de l'Instruction primaire y soient affectés.

Le 14 mai 1882, le Conseil n'accepte pas le devis estimatif qui s'élève à 20. 060 fr.

Le 15 octobre 1882, par 4 voix contre 3 le Conseil décide qu'il ne veut rien faire de plus que le 5 janvier dernier.

Le 14 octobre 1885, le Conseil émet le vœu, que le bail Audinet soit résilié école de filles.

Le 3 octobre 1886, le Conseil veut être plus renseigné sur les plans et devis. Le 31 du même mois il décide que M. Loquet, architecte départemental, sera appelé. Le 14 novembre suivant, il refuse le 1er projet (à côté de l'école des garçons).

Le 21 septembre 1888, le Conseil, appelé à voter la construction d'une école de filles, vote 3 fois et les 3 scrutins donnent 6 voix pour et 6 contre. M. le Maire, ayant usé de sa voix prépondérante pour le projet, six des membres ont signé une protestation,

Le 10 février 1889, les plans et devis ont été adoptés dans les mêmes conditions que ci-dessus. Le 29 mars suivant, la dépense de 10 548 fr. fut approuvée et la part de la commune 5.484 fr. 90 votée toujours par 6 voix contre 6. L'emprunt fut également voté dans les mêmes conditions le 13 août 1889. La somme de 10.548 fr. pour paiement de la dépense qu'entraînera la construction d'une école de filles a été inscrite d'office au budget par arrêté préfectoral en date du 3 avril 1889.

Noms des institutrices publiques :

Rivalland, Marie-Anastasie-Honorine, épouse de Gluard, de 1853 à 1862.

Boissinot, Caroline, en 1862 pendant six mois, Mme Gluard reprend ensuite jusqu'à la fin de 1863.

Bertrand, Léontine, de 1863 au 1er octobre 1869.

Viaud, Amélina, du 1er octobre 1869 au 1er juillet 1871 dit ne pas avoir eu de remplaçante.

Faraud Claudina, de 1883 au 31 août 1884.

Ruchaud, Nathalie, du 31 août 1884 aux vacances 1885.

Vindac, Elisa, de 1885 à 1887.

Mallet, de 1887 au 19 novembre 1888.

Guibourgeau, Mme, du 19 novembre 1888 au 22 septembre 1894.

Borianne, Mme, du 22 septembre 1894 au 1er octobre 1902.

Petit, Mme, du 1er octobre 1902.

Le 13 avril 1869, M. le Maire Rivalland, écrivait à M. l'Inspecteur d'Académie : « M. le curé de ma commune, auquel une maison paraît avoir été donnée pour faire une école de filles tenue par des congréganistes fait faire journellement des appropriations à cette maison ; aujourd'hui il est embarrassé relativement au carrelage de la salle de classe et il vient de me demander si j'exigerais que ce fut un plancher. Comme cette construction est contre mes vues, je crois devoir exiger tout ce qui pourra l'être et je viens vous prier de me le faire connaître. »

Le 17 du même mois, il écrivait à M. le curé rappelant les prescriptions de la circulaire ministérielle du 30 juillet 1858 et ajoutait : « On ne saurait être trop exigeant quand déjà il existe une école communale dans la commune qui ne rend nullement nécessaire une école libre tenue par des congréganistes. »

Le 16 juillet 1869, il écrivait : « Comme vous le savez, Monsieur le Préfet, mon intention est de lutter autant que possible contre la concurrence que veut former M. le curé en fondant une école libre tenue par des congréganistes. »

Le 28 août 1869 : « Je dois vous dire, Monsieur le Préfet, que je vois avec déplaisir cet établissement qui n'était d'aucune utilité dans la commune. »

Il joignait copie de la déclaration faite ce jour par la dame Gaborieau, religieuse de la Congrégation de Sainte-Marie-de-Torfou.

Les religieuses sont arrivées à la rentrée des classes 1869 et elles sont parties le 18 juillet 1902, appartenant à une Congrégation qui n'avait pas demandé l'autorisation exigée par la loi de 1901. Leur maison avait été donnée par Madame veuve Daniel Lacombe, propriété sortie de la famille Aulneau, figurant, en 1903, sur la matrice cadastrale au nom de : La Société civile de la rue Fulton à Angers.

Le 27 Juillet, 1902, le Conseil municipal a pris la délibération dont la teneur suit : « Le Conseil, profondément reconnaissant envers les sœurs de Torfou qui pendant plus de trente ans, se sont dépensées au service des enfants et des malades, sans imposer aucune charge à la commune ; soucieux de maintenir la liberté de conscience et l'indépendance du père de famille dans le choix des instituteurs à qui il confie ses enfants ; justement préoccupé de ce fait que, par suite du départ des sœurs, beaucoup d'enfants se trouveront, à la rentrée, privées du bienfait de l'instruction et que la commune ne pourrait manquer d'être grevée d'impôts injustifiés par suite de la nécessité de créer ou d'installer de nouveaux locaux scolaires ; persuadé au surplus que les sœurs ne tombent pas sous l'application de la loi du 1er juillet 1901 promulguée et commentée à la tribune par M. Waldeck-Rousseau ;

Pour ces motifs,

Après en avoir délibéré, et à l'unanimité des membres présents,

Envoie aux sœurs de Torfou l'expression de ses vives sympathies, réclame énergiquement l'abrogation de la mesure qui les frappe et l'autorisation pour elles de rouvrir leur école ».

M. le Préfet Plantié, statuant en conseil de préfecture, a annulé cette délibération à la date du 11 août 1902.

Les sœurs ayant alors demandé l'autorisation prescrite par la loi du 1er juillet 1901, le Conseil, appelé à donner son avis, a décidé ce qui suit : « Le Conseil municipal des Moutiers-sur-le-Lay, témoin des regrets qu'a provoqués le depart des sœurs de Torfou et fidèle interprète des sentiments du pays à leur égard, rendant un juste hommage au zèle, au dévouement et à l'abnégation dont elles n'ont cessé de donner des preuves pendant plus de trente années, constatant que les petites filles ont reçu d'elles une bonne culture intellectuelle et une excellente formation morale, A l'unanimité des membres présents, Émet un avis très favorable à la demande des sœurs de Torfou et prie M. le Préfet de transmettre au Gouvernement l'expression de ses vœux ».

Le 14 septembre 1902, Mlle Louise Fortin a déposé une déclaration à la mairie faisant savoir qu'elle a l'intention d'ouvrir une école privée dans les locaux précédemment occupés par les religieuses de Torfou.

Depuis l'école fonctionne avec deux aides, anciennes congréganistes sécularisées.

## Bibliothèque. — Cours d'adultes. — Sociétés diverses.

Une bibliothèque fut fondée à l'école des garçons le 30 juin 1878. Elle compte 147 ouvrages, soit 170 volumes. Ces ouvrages ont été acquis à la suite de subventions accordées par la commune et de trois concessions ministérielles : 30 juin 1878, 4 décembre 1891 et 10 avril 1806. Le nombre des prêts varie chaque année de 150 à 200 volumes. C'est peu.

Un cours d'adultes fonctionne depuis plusieurs années déjà. Il compte en moyenne 20 élèves et a lieu 5 fois par semaine pendant six semaines. La commune accorde une subvention de 10 fr. pour chauffage et éclairage.

Une société scolaire de tempérance existe aussi depuis le 11 mars 1903. Les membres, au nombre de 30, ont pris l'engagement d'honneur de ne faire toute leur vie qu'un usage modéré du vin, cidre ou bière, et de s'abstenir, sauf prescription médicale, d'eau-de-vie, de toutes espèces de liqueurs, d'apéritifs et digestifs. Elle est affiliée à la Ligue nationale contre l'alcoolisme et reçoit le bulletin publié par M. Frédéric Riémain, secrétaire général.

Enfin la Société protectrice des animaux utiles, fondée le 27 mai 1898, rend des services matériels et moraux, nombreux et incontestés.

L'Instituteur titulaire est président de ces deux sociétés.

## Une famille d'éducateurs.

Rivalland, Nicolas, notaire et régent du Simon, âgé de 70 ans, est décédé au dit Simon le 10 janvier 1775. Il était époux de Suzanne Germain.

Son fils, Hyppolite-Antonin-Jérôme, est venu instituteur aux Moutiers en 1754.

En 1757, il épouse Modeste-Victoire Arnaud, de cette commune.

Rivalland, Charles, fils des précédents, est né et a été baptisé le 21 août 1774 et est décédé le 28 août 1834.

En 1789, le 9 juin, une sœur de ce dernier se maria à Mairand, Jean-Baptiste, fils de Marc Antoine-René, instituteur aux Magnils-Reigniers, et de Jeanne Marsay.

Une autre sœur, Marthe-Modeste, épouse le 26 juin 1792 Pierre-René Bureau.

Du mariage Mairand-Rivalland sont nés aux Moutiers : Marie-Magdeleine-Modeste et Jean-Baptiste, le 24 mars 1790 et le 29 mai 1792.

Hyppolite sus-nommé est décédé aux Moutiers le 31 juillet 1787 et sa veuve (Arnaud) est morte le 24 avril 1808, à 75 ans.

En l'an VII, Rivalland, Charles, se maria à Marie-Jeanne Mairand, dont le père et la mère sont déjà nommés.

Le 14 pluviose an VIII est né Hyppolite-Marc-Charles Rivalland, fils des précédents. Fut instituteur à Champagné-les-Marais.

Le 19 Juin 1808 est né Jean-Baptiste-Eugène Rivalland, fils des mêmes. Fut instituteur aux Moutiers.

Le 26 juillet 1810 est né Hyppolite-Auguste-Narcisse, fils des mêmes. Fut boulanger aux Moutiers.

Le 20 mai 1829, Rivalland, Jean-Baptiste-Eugène, épousa Marie-Désirée Malécot.

De ce mariage sont nés : Le 17 décembre 1829, Marie-Pélagie-Eugénie, décédée en 1835 ; le 2 avril 1831, Marie-Anastasie-Honorine, épousa Gluard, Louis-Philippe-Charles, le 28 mai 1856, fut institutrice aux Moutiers ; le 29 décembre 1832, Aimée-Henriette-Rosalie, décédée en 1862 ; le 4 février 1835, Pierre-Hyppolite-Eugène, fut instituteur aux Moutiers ; le 7 février 1837 Pierre-Hyppolite, décédé notaire à Sauzais-Vaussais ; le 24 avril 1838, François-Benjamin, marié en 1863 à Marie-Victoire-Désirée Deligné, fut instituteur aux Pineaux-Saint-Ouën, aujourd'hui en retraite aux Moutiers, beau-père de M. Rochet, Victor, propriétaire, Délégué cantonal ; le 21 avril 1850, Eloïse-Ernestine, épouse de Audinet, André, menuisier aux Moutiers ; de ce mariage sont nés deux garçons : l'un, élève de l'Ecole normale de La Roche-sur-Yon, est actuellement receveur des Douanes, l'autre est établi marchand de bois à Luçon.

Le 8 mai 1860, Pierre-Hyppolite-Eugène, épousa Julie-Prudence Mercier.

De ce mariage sont nés : le 24 août 1861, Marie-Berthe-Olympe, mariée le 5 août 1884 à Queté, Jules-Constant-Alexis, instituteur à Palluau ; le 1er juin 1864, Marie-Eugène-Albert-Stanislas, décédé pharmacien dans la Vienne ; le 22 mai 1868, Gustave-Marie-Joseph, professeur dans une institution libre à Poitiers ; le 16 juillet 1877, Maria-Eugénie-Julie, mariée à Hervouet en 1902 et demeurant à Mouchamps.

Le père est décédé aux Moutiers le 6 mars 1902, il était conseiller municipal. Sa veuve habite avec son gendre à Palluau.

Du mariage Gluard-Rivalland, sont nés : le 28 février 1864, Philippe-Marie-Damien, sous-inspecteur de l'enregistrement ; le 10 juillet 1857, Emérance-Marie-Gabrielle, épicière ; le 3 octobre 1858, Léonce-Marie-Philippe-Hyppolite-Florentin, instituteur à Saint-Sulpice-en-Pareds ; le 2 décembre 1866, Honorine-Marie-Gabrielle, religieuse de la Congrégation des filles de Saint-Vincent-de-Paul.

## Nos morts ou blessés pour la Patrie.

Arrignon, Pierre, mort le 3 novembre 1878 ;

Rousseau, Léon, mort le 2 décembre 1870 ; les deux tués sur les champs de bataille des environs de Paris : Champigny, L'Hay, Villeneuve l'Etang.

Chenu, Jacques-Joseph, mort le 6 janvier 1871 ;

Bizet, François-Jean, mort le 3 janvier 1871 ;

Arrignon, Victor, blessé à Paris en 1871 ;

Deligné, Eugène, — —

Puaud, Alexandre, mort le 8 janvier 1871 ;

Gauducheau, François-Pierre, mort le 29 janvier 1871, engagé volontaire, blessé à Champigny ;

Bonin, René, mort le 17 janvier 1871 ;

Marchand, Pierre-Joseph, mort le 23 avril 1871 ;

Reveleau, Henri, blessé au Mans en 1871 ;

Bernier, Pierre-Napoléon, blessé en Algérie, balle dans a jambe 1872, pensionné ;

Guerre de Tunisie ; Pouponneau Henri :

Guerre du Tonkin : Sablereau François, décédé le 15 uillet 1886 à Nam-Dinh ;

Enfin je rappelle que Guilbaud, Célestin-Armand-François, soldat du 1er régiment de zouaves, a pris part à l'expédition de Chine (1900-1901) et a obtenu la médaille nationale commémorative instituée par la loi du 15 avril 1902.

## Mœurs et coutumes.

« Un esprit lent, mais capable de profondeur, un cœur, généreux, mais irascible, de la fidélité dans les engagements, de la simplicité, de la pureté même dans les mœurs, un attachement profond pour ses institutions religieuses, beaucoup de passion pour le vin, une bonne foi rare dans le commerce, assez lent à se déterminer dans les occasions ordinaires de la vie, mais capable, dans l'accès des passions, de l'activité la plus rapide et des actions les plus héroïques. »

Ce portrait de M. Berthe-Bourniseaux s'applique parfaitement à l'habitant des Moutiers.

Aux Moutiers finit le bocage et commence la plaine. Le Lay, serpentant au milieu des dernières collines qui s'abaissent peu à peu vers la plaine, indique comme une large bande sur une carte coloriée qu'ici est un nouveau peuple. Les opinions royalistes dominent sur la rive droite, les idées démocratiques avancent plus vite sur la rive gauche.

L'habitant de la plaine a plus d'expansion, plus de franchise dans la physionomie, plus de souplesse, mais aussi moins de simplicité et de sévérité dans les mœurs. Son amour de paraître le pousse à se priver du nécessaire pour acheter de la toilette ; souvent il porte sa fortune sur son dos. Sa gaieté est bruyante, son plaisir de prédilection est la danse.

Les gens d'ici accueillent bien les étrangers, mais leur jugement est trop prompt.

Dans toutes les maisons, même chez ceux qui affectent de l'indifférence religieuse, on trouve des emblèmes qui prouvent l'attachement aux choses du dogme catholique.

Les légendes locales sont nombreuses.

Les conditions d'existence de la population agricole se sont améliorées d'une manière sensible, sous le rapport de la nourriture, du vêtement et du logement. L'augmentation du bien-être général est certaine,

## Préjugés et superstitions.

La belette qui coupe la route devant vous annonce une perte dans la journée que l'on peut prévenir en faisant une croix sur la terre avec le pied droit.

Tuer un lézard, prendre sa tête dans laquelle on renferme une gousse d'ail, mettre dans la poche droite ; tuer une « lézarde », prendre sa queue et la mettre dans l'autre poche, cela porte bonheur au jeu et dans les entreprises.

Tuer « un niel » la vipère, envelopper sa queue dans six feuilles de papier blanc comme la neige amène encore une chance plus grande.

Contre le mal de ventre, faire un cataplasme de graines de lin, le poser soi-même et dire trois fois : C'est ma faute ! Guérison prompte et radicale.

Voir une araignée le matin des Rogations dans une maison, c'est signe de mort du plus vieux de la famille dans l'année.

Planter le 1er mai une branche verte sur le tas de fumier active sa décomposition.

Faire connaitre un nid sous les tuiles conduit la vipère à manger les œufs.

Placer la queue d'un lézard dans la poche de quelqu'un à son insu est le rendre heureux dans ses entreprises.

Laver dans les rousins (rogations) fait sortir un cadavre de la maison dans l'année.

Filer entre Noël et le 1er janvier fait boiter les habitants de la basse-cour.

Parrain et marraine qui s'embrassent sous les cloches le jour du baptême empêchent l'enfant de baver.

Ne pas laver et nettoyer sa maison la veille ou l'avant-veille de Pâques est le fait d'une mauvaise chrétienne.

## Situation morale de l'Instituteur.

MM. Rivalland avaient l'estime de tous. Il étaient les conseillers de la population entière. Rien ne se faisait qu'après leur avis Le dernier, M. Rivalland, Eugène, eut des ennuis pour et à la suite de la création du poste d'adjoint. Une affaire politique, peut-être plutôt personnelle, le fit partir.

M. Léger, disposé à l'hypocondrie, se sentait épié dans le moindre de ses mouvements. Le décès de sa femme qui l'égayait acheva de troubler sa quiétude. Il est mort tout jeune, frappé d'une congestion cérébrale.

A mon arrivée, je fus prévenu par plusieurs personnes hors commune que je serais très surveillé... par tous les partis... parce que je n'étais le candidat d'aucun. Déjà, en effet, trois reproches me sont faits qui ne tiennent pas debout. Cependant on trouve que ma classe est bien tenue et que je fais le travail de la mairie avec méthode. Je crains devenir une victime de la jalousie.

Nos écoles publiques sont à l'heure actuelle l'objet de vives critiques de la part des gens attachés par intérêt ou par habitude aux anciennes coutumes. Le mot d'ordre est de « combattre à outrance et par tous les moyens possibles la laïcité, cause de grands malheurs. »

Cependant dans nul lieu on ne pratique plus la tolérance que chez nous. « Nous devons aimer tous les hommes, quelle que soit leur race, quelle que soit leur patrie, quelle que soit leur religion. »

« Nous n'avons pas le droit de détester les gens qui ne pensent pas comme nous, » disons-nous à nos élèves. Pourquoi donc nous en vouloir d'enseigner l'amour du prochain dans un sens aussi large ?

Lecture : *C'est la faute au maître d'école,*

Le public est malicieux :
Le maitre d'école à ses yeux,
Est un point de mire, une cible...
Vous riez... Ce n'est pas risible ;
C'est plutôt triste assurément
D'entendre dire constamment,
Pour le motif le plus frivole :
« C'est la faute au maitre d'école ! »

Déployons tout notre savoir
A bien remplir notre devoir :
La critique, que rien ne lasse,
Se faufile dans notre classe :
En général pour les papas,
Si leurs enfants n'apprennent pas,
Comme Pic de la Mirandole :
« C'est la faute au maître d'école ! »

Présenter au certificat
Un gamin, que c'est délicat !
Les gens ont la bonne habitude
De nous payer d'ingratitude ;
Quand notre élève a réussi
Personne ne nous dit merci,
Mais quand, par hasard, on le colle :
« C'est la faute au maître d'école ! »

Dans ces temps où l'impiété
Envahit la société,
Où le vice partout domine,
Plus d'un prêtre en chaire fulmine,
Le dimanche dans son sermon,
Contre les œuvres du démon.
Vous comprenez la parabole ;
« C'est la faute au maître d'école ! »

Un mariage est annoncé :
Vite, nous avons compulsé
Nos registres... griffonné l'acte...
Et tout est prêt à l'heure exacte...
Survient-il quelque empêchement,
Malgré tout au dernier moment,
La noce aux abois se désole :
« C'est la faute au maître d'école ! »

Le Budget, grave question !
A la fin de la session,
On épluche — avec des lunettes,
Les dépenses, et les recettes !
S'il ne résulte aucun boni
Devant le Conseil réuni,
Un édile prend la parole.
« C'est la faute au maître d'école !

Il en est de même pour tout :
Le pauvre instituteur partout ;
C'est peut-être un mal nécessaire

Est l'éternel bouc émissaire.
Quand le public n'est pas content,
Il se soulage en répétant
Toujours la même faribole :
« C'est la faute au maître d'école ! »

BLANCHARD.

## Principaux faits historiques de l'année 1903.

Assassinat du roi de Serbie : Alexandre Ier. Remplacé par le prince Pierre Karageorgewitch, courant de Juin.

Refus d'autorisation aux congrégations de femmes par la Chambre des Députés, 25 juin. Le Sénat s'était prononcé quelques mois auparavant sur les congrégations d'hommes.

La Chambre et le Sénat ont voté à l'unanimité les crédits demandés en vue du voyage du Président de la République en Angleterre. Les Anglais s'apprêtent à lui faire fête et il n'aura pas lieu d'être mécontent de la réception qui l'attend. Parti le 6 juillet. Reçu par le peuple avec enthousiasme, par le roi d'une façon toute cordiale. Retour le 9. Ce voyage ne peut que réjouir le cœur de tout bon Français par les conséquences heureuses qui peuvent en résulter.

Commencement de juillet. Maladie du Pape Léon XIII, issue fatale à craindre. Le comte Pecci est en effet mort le 20 juillet à 4 heures après midi

Le successeur de Léon XIII a été élu le 4e jour du conclave. C'est le cardinal Guiseppe Sarto, patriarche de Venise. Il est né en Italie le 2 juin 1835. Il a pris le nom de Pie X. Le cardinal Macchi a annoncé l'élection du nouveau pape le 4 août 1903 par ces paroles traditionnelles : « Annuntio nobis gaudium magnum ; habemus papam eminentissimum et reverendissimum dominum cardinalem Josephum Sarto qui sibi nomen imposuit Pius Decimus. »

## Conclusion.

En travaillant cet ouvrage composé d'extraits, je n'ai pas prétendu faire montre d'un savant compilateur, ni chercher la gloire, la plus passagère des fumées. Elle disparaît souvent aussi vite qu'elle est venue, alors que l'on a eu à peine le temps de poser les lèvres à sa coupe enchanteresse, comme disent les poètes, ces enfants des dieux. Mon ambition est moins élevée : Faire connaître davantage l'histoire locale aux enfants et les amener à observer les choses qui les entourent et qui rappellent le passé.

Bien insensible à la poésie serait celui qui parcourrait — comme je l'ai fait au mois d'avril — sans une douce émotion, le sentier fleuri qui longe le Lay des Moutiers à la route de Bournezeau à Saint-Hermine. A gauche, des coteaux ombragés ; à droite, le Lay aux flots capricieux et plus loin une colline parée des plus riantes couleurs. C'est ravissant.

LECTURE : (1)

L'eau coule, l'oiseau chante, et dans l'étroit sentier,
La pervenche se cache avec la violette.
Dans les sombres vallons, jusque sur les coteaux,
Il est de doux abris que choisit le poète,
Et ma muse se plaît au sein de ces tableaux.
Je sors, j'ai sous mon bras quelques livres d'étude,
Sur la pente des monts, je marche avec effroi ;
Des abîmes béants, l'affreuse solitude,
Est l'asile où je sens le Ciel plus près de moi,
Je rêve jusqu'au soir, et quand calme et sereine,
Comme un voile léger, la triste nuit descend,

(1) De M. Brunet, après quelques modifications.

Je reviens à pas lents, l'âme ivre et toute pleine
D'amour, de poésie, et de Dieu qui m'entend.

Oh! lieu de mon désir ! Les Moutiers, doux village
J'aime tes monts à pics, tes bois. tes champs fleuris,
Tes manoirs écroulés, ta nature sauvage,
Tes mugissantes eaux et tes enfants chéris.

*Aux Moutiers-sur-le-Lay, le 8 août 1903.*

DAVID,
*Instituteur.*

FIN

PETITE IMPRIMERIE VENDÉENNE — LA ROCHE-SUR-YON.

www.ingramcontent.com/pod-product-compliance
Ingram Content Group UK Ltd.
Pitfield, Milton Keynes, MK11 3LW, UK
UKHW021118220726
13924UKWH00004B/1786

9 782019 938833